하루 한 권 학습만화 7

세계의역사

KB194817

KADOKAWA MANGA GAKUSYU SERIES SEKAI NO REKISHI

HITOTSUNAGARI NI NARU SEKAI 1400-1600NEN

©KADOKAWA CORPORATION 2021

Korean Translation Copyright © 2022 by Korean Studies Information Co., Ltd.

First published in Japan in 2021 by KADOKAWA CORPORATION, Tokyo.

Korean translation rights arranged with KADOKAWA CORPORATION, Tokyo through Eric Yang Agency Inc, Seoul.

일러두기

이 책은 세계사를 바라보는 다양한 시각 및 국제정치적 감각을 길러주기 위한 목적으로 기획되었다. 원서는 비교 역사학을 토대로 서술되어 특정 국가의 시각에 치우치지 않고 세계 각국의 다양한 역사적 사실에 기반을 두고 있다. 다시 말해 우리 민족의 관점으로 바라본 세계사가 아님을 밝힌다.

다만 역사라는 학문의 특성상 우리나라 학계 및 정서에 맞지 않는 영토분쟁·역사적 논쟁점도 분명히 존재한다. 편집부 역시 이러한 사실을 인지하고, 국내 정서와 다른 부분은 되도록 완곡한 단어로 교정했다. 그러나 오늘날 발생하는 수많은 역사 분쟁을 다양한 시각에서 논의할 수 있도록 필요한 부분은 원서의 내용을 살려 편집했다. 교육 자료로 활용하거나 아동이 혼자 읽는 경우 이와 같은 부분에 지도가 필요할 수 있음을 당부드린다.

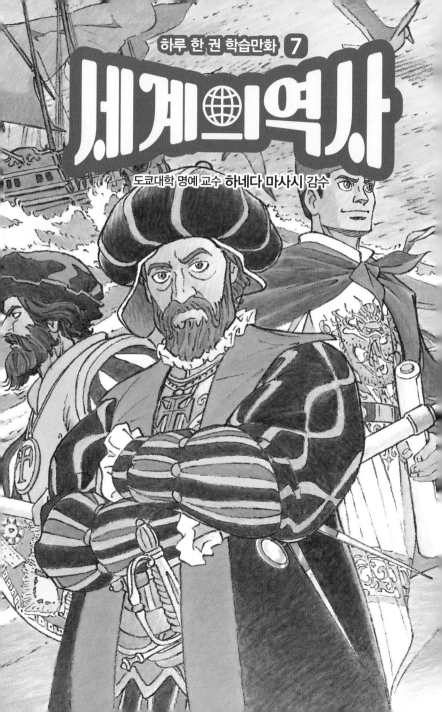

제1장 명의 번성과 동아시아의 바다

명(明)은 주변국으로 원정을 나서고 조공 무역을 확대했지만, 몽골과 왜구의 활동으로 골머리를 앓았다.

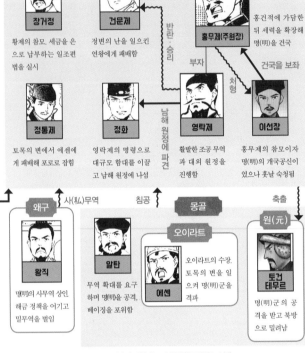

명(明)

장거정
황제의 참모. 세금을 은으로 납부하는 일조편법을 실시

건문제
정변의 난을 일으킨 연왕에게 패배함

손자 / 조부

홍무제(주원장)
홍건적에 가담한 뒤 세력을 확장해 명(明)을 건국

반란·승리

정통제
토목의 변에서 에센에게 패배해 포로로 잡힘

정화
영락제의 명령으로 대규모 함대를 이끌고 남해 원정에 나섬

남해 원정에 파견

부자

영락제
활발한 조공 무역과 대외 원정을 진행함

처형

건국을 보좌

이선장
홍무제의 참모이자 명(明)의 개국공신이었으나 훗날 숙청됨

사(私)무역 / 침공 / 축출

왜구

왕직
명(明)의 사무역 상인. 해금 정책을 어기고 밀무역을 벌임

몽골

오이라트

에센
무역 확대를 요구하며 명(明)을 공격, 베이징을 포위함

오이라트의 수장. 토목의 변을 일으켜 명(明)군을 격파

원(元)

토곤테무르
명(明)군의 공격을 받고 북방으로 밀려남

제2장 르네상스와 종교개혁

예술과 과학이 크게 발전한 르네상스 시대. 마르틴 루터가 종교개혁을 일으킨다.

종교개혁자

마르틴 루터
면벌부 발행을 비판하며 종교개혁을 일으킴

장 칼뱅
성경이 신앙의 유일한 규범임을 설파

에라스뮈스
부패한 교회와 성직자를 풍자

예술가

레오나르도 다 빈치
'만능인'답게 여러 분야에서 재능을 발휘함

미켈란젤로
르네상스의 대표적인 화가·조각가·건축가

탄압

신성 로마 제국

카를 5세
종교개혁을 탄압하고 루터를 추방

구텐베르크
활자를 이용한 프레스식 인쇄기를 고안

주요 사건

1492년
크리스토퍼 콜럼버스가 아메리카 대륙에 도착

1517년
마르틴 루터가 '95개조 반박문'을 발표

1520년경
포르투갈령 인도의 등장, 해상 무역 제국의 탄생

1592년
임진왜란

제3장 아시아에 도착한 유럽인

인도 항로를 개척해 인도양으로 진출한 포르투갈은 해상 무역 제국을 이루게 된다.

포르투갈

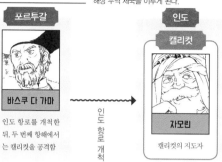

바스쿠 다 가마

인도 항로를 개척한 뒤, 두 번째 항해에서 는 캘리컷을 공격함

인도 항로 개척 →

인도

캘리컷

자모린

캘리컷의 지도자

조선

선조

← 원군

임진왜란의 발발로 명 (明)에게 원군을 요청

침공 ↑

일본

도요토미 히데요시

두 차례에 걸쳐 조선 을 침공

아시카가 요시미쓰

감합무역 →

무로마치 막부 제대 쇼군. 명(明)과 교역

제4장 유럽의 아메리카 진출

콜럼버스가 아메리카 해역에 도착. 스페인과 포르투갈은 부를 찾아 진출하였다.

스페인

카스티야 왕국

이사벨

페르난도와 결 혼. 두 나라의 합병을 실현함

결혼

아라곤 왕국

페르난도

이베리아 반도 에서 이슬람 세력을 축출함

항해가 · 탐험가

콜럼버스

서회 항로를 이용 해 인도로 향하던 중, 아메리카 대륙 에 도착

마젤란

마젤란 해협을 발 견, 그의 부하들이 세계 일주를 달성함

코르테스

아즈텍 제국을 정 복하고 멕시코 총 독으로 부임함

피사로

페루로 진군하여 잉카 제국을 멸망 시킴

잉카 제국

아타우알파

잉카 제국의 황제. 피사로의 포로로 잡힘

식민지화 ←

로마 가톨릭교회

레오 10세

파문

면벌부를 발행하고, 루터를 파문함

이냐시오 데 로욜라

종교개혁에 대항해 예수회를 결성

코페르니쿠스

폴란드의 성직자 · 천문학자. 지동설을 이론화함

독자여러분께

7

하나로 연결되는 세계

도쿄대학 명예 교수 **하네다 마사시**

이번 권에서 다룰 주제는 '바다'입니다. 15세기 무렵, 유라시아 대륙 서쪽 끝에 살던 서유럽인들은 향신료와 비단, 동방의 다양한 상품을 직접 손에 넣고자 배를 타고 넓은 바다를 건너 멀리 떨어진 곳까지 나아갔습니다. 그 결과, 서유럽인들은 아메리카 대륙이라는 신대륙을 발견했고 아프리카 대륙 남단의 희망봉을 지나는 인도 항로와 세계 일주 항로도 발견했습니다. 고도의 독자적인 문화를 구축해 오던 아메리카 대륙은 16세기에 이르러 스페인과 포르투갈에 의해 식민지화 됩니다.

이 시기의 유럽에서는 가톨릭교회의 가르침에 의구심을 품는 사람들이 등장하면서 개신교라는 새로운 종파가 탄생합니다. 또한, 개신교의 개혁에 대항할 목적으로 결성된 '예수회' 소속 선교사들은 스페인과 포르투갈의 배를 타고 세계 각지로 나아갑니다. 이 역시 가톨릭의 포교가 목적이었지요.

한편, 유라시아 대륙 동쪽 지역에는 새로운 나라가 등장합니다. 바로 명(明)입니다. 초반에는 정화의 대원정으로 대표되는 대외활동에 적극적으로 나섰지만, 북방에서는 몽골, 남방에서는 왜구가 침략해 오니 애를 태우기도 합니다. 아시아의 해상으로 진출한 포르투갈인이 일본에 도착한 것도 바로 이 무렵의 일입니다. 하비에르, 왜구, 감합무역과 같은 구체적인 주제를 가지고, 바다를 매개로 전 세계가 교류하던 모습을 확인해 보시기 바랍니다.

당부의말씀

- 이 도서의 원서는 일본 문부과학성이 발표한 '2008 개정 학습지도요령'의 이념, '살아가는 힘'을 기반으로 편집되었습니다. 다만 시대상을 반영하려는 저자의 의도적 표현을 제외하고, 역사적 토론이 필요한 표현은 대한민국 국내의 정서를 고려해 완곡하게 수정했습니다.

- 인명·지명·사건명 등의 명칭은 대한민국 초·중·고등학교 교과서를 바탕으로 삼되, 여러 도서·학술정보를 참고해 상대적으로 친숙한 표현으로 표기했습니다.

- 대체로 사실로 인정되는 역사를 기반으로 구성했습니다. 다만 정확한 기록이 남지 않은 등장인물의 경우, 만화라는 장르를 고려해 쉽고 재미있게 읽을 수 있도록 대화·배경·의복 등을 임의로 각색했습니다. 또 역사의 흐름을 이해하는 데 도움이 되도록 만화에 가공인물을 등장시켰습니다. 이러한 가공인물에는 별도로 각주를 달아 표기했습니다.

- 연도는 서기로 표기했습니다. 사건의 발생 연도나 인물의 생몰년이 불분명한 경우에는 일반적으로 통용되는 시점을 채택했습니다. 또 인물의 나이는 앞서 통용된 시점을 기준으로 만 나이로 기재했습니다.

- 인물의 나이는 맞춤법에 어긋나더라도 '프리드리히 1세'처럼 이름이 같은 군주의 순서 표기와 헷갈리지 않도록 '숫자 + 살'로 표기했습니다. 예컨대 '스무 살, 40세'는 '20살, 40살'로 표기했습니다.

1500년경의 세계

하네다 마사시 교수님

이 시기에 유럽인들은 세계 일주를 위한 새로운 항로를 발견했습니다. 이들은 아메리카 대륙을 식민지로 삼았고, 아시아와 해상무역을 하며 활동 영역을 넓혔습니다.

전국시대 다이묘의 군웅할거
(15세기 중반~16세기)

전국시대 무렵, 일본의 신분사회가 무질서해지기 시작함

아메리카 대륙을 정복한 스페인(16세기) C

아즈텍 제국은 스페인 출신의 에스난 코르테스에 의해 정복되었고, 잉카 제국은 프란시스코 피사로가 멸망시킴

왕수인이 양명학을 주창함
(16세기 초)

왕수인이 주자학을 비판했으며, 실천을 중시하는 양명학을 주창함

신대륙의 이름, '아메리카'의 기원(1507년경) D

남아메리카 대륙이 사실은 신대륙이었다는 사실을 밝혀낸 아메리고 베스푸치의 이름을 따 '아메리카'라 부름

② 고도의 독자적인 문명을 자랑하던 아메리카 대륙의 제국들은 스페인 사람들에 의해 멸망하고, 유럽인이 가져 온 전염병으로 많은 사람이 목숨을 잃었답니다.

 ① 일본은 다이묘들이 서로 격렬하게 전쟁을 벌였던 전국시대군요.

 ④ 동아시아의 경우는 왜구가 바다에서 큰 영향력을 행사했던 시기죠. 포르투갈인은 그들과 손을 잡고 해상 교역에 열을 올렸다고 합니다.

 ③ 이때 포르투갈인이 일본에 왔었잖아요!

종교개혁의 발생
(16세기)

B

마르틴 루터가 가톨릭교회의 면벌부 판매를 비판하면서 종교개혁이 시작됨

명(明)의 북로남왜
퇴치(16세기)

A

북쪽의 몽골(북로)와 남쪽의 왜구(남왜)의 출현으로 명(明)이 애를 먹음

쉴레이만 1세의 즉위
(1520년)

쉴레이만 1세는 많은 전쟁에서 승리하며 오스만 제국을 전성기로 이끎

레오나르도 다 빈치,
〈모나리자〉의 탄생(1503년경)

〈최후의 만찬〉 등을 그린 만능인, 다 빈치는 르네상스 시대의 최전성기를 대표하는 인물

바스코 다 가마가
인도 항로를 개척(1498년)

바스코 다 가마가 희망봉을 경유해 인도의 캘리컷에 도착

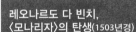 ◀ 다음 페이지에서 자세한 설명을 확인하세요

명(明)군과 왜구의 전쟁

무장 밀무역 집단인 왜구가 중국과 한반도 연안에서 약탈행위를 반복했다. 원래는 일본인으로 이루어진 집단이었으나, 16세기경부터 중국과 한반도 출신의 왜구도 등장한다. 명(明)은 왜구를 토벌할 군사를 보냈지만, 이들은 끊임없이 명(明)을 괴롭혔다.

마르틴 루터 95개조 반박문 발표한

독일의 신학자인 마르틴 루터는 로마 가톨릭교회를 비판하는 '95개조 반박문'을 발표했다. 성 베드로 대성당의 공사 자금을 확보하기 위한 면벌부 판매에 의문을 제기한 것이다. 대량 인쇄된 루터의 주장은 각지로 퍼져 나가며 큰 반향을 불러 일으켰다.

잉카 제국의 멸망

프란시스코 피사로는 1백 80명 남짓한 스페인군을 이끌고 남아메리카 대륙에 위치한 잉카제국을 공격해, 아타우알파 황제를 포로로 붙잡았다. 황제는 금은 보화를 바치며 구명을 요청했지만, 끝내 처형되었다.

크리스토퍼 콜럼버스, 아메리카 대륙에 도착

인도로 가는 새로운 항로를 찾던 콜럼버스는 1492년 카리브 해의 산살바도르 섬에, 1498년에는 아메리카 대륙에 도착하였다. 그러나 콜럼버스는 죽을 때까지 자신이 발견한 곳을 인도라고 믿었다.

7 파노라마 연표(1400년~1600년)

서·남·동남아시아	북·동아시아				일본	

오스만 제국		**원(元)**	**명(明)**	**고려**	아시카가 다카우지가 정이대장군에 취임 (무로마치 시대의 시작, 1338년)	무 로 마 치 시 대
건국(1300년경)		홍건적의 난 (1351년~1366년)	건국(1368년)			
		몽골 고원으로 물러남	♟주원장[홍무제] (1368년~1398년)	**조선**	남북조 통일(1392년)	
			정난의 변 (1399년~1402년)		아시카가 요시미쓰가 금각사 건립(1397년)	

앙카라 전투(1402년)			♟영락제 (1402년~1424년)	♟태조 이성계 (1392년 ~1398년)	명일무역 시작(1404년)	
부흥(1413년)			정화의 남해 원정 (1405년~1433년)		쇼초의 도잇키(1428년~1429년)	
		♟에센 타이시 (1439년경~1454년)	토목의 변(1449년)	훈민정음 반포(1446년)	오닌의 난(1467년~1477년)	
			○ 오이라트 강성			
					아시카가 요시마사가 은각사 건립(1490년)	
	바스쿠 다 가마가 캘리컷에 도착 (1498년)					

사파비 제국			포르투갈인이 광주(廣州)에 내항(1517년)			아 즈 치 모 모 야 마 시 대
건국(1501년)	포르투갈인이 고아를 점령(1510년)					
	포르투갈인이 믈라카를 점령(1511년)					
무굴 제국			**동아시아에서 몽골과 왜구의 활약이 활발해짐**			
건국(1526년)		♟알탄 칸 (1542년~1582년)	포르투갈인의 마카오 체류를 허용(1557년)		포르투갈인이 종자도총을 소개(1543년)	
제1차 빈 공방전 (1529년)		알탄 칸이 북경(北京)을 포위 (1550년, 경술의 변)	○ 멕시코 · 일본에서 은이 유입		프란치스코 하비에르가 그리스도교 포교에 나섬(1549년)	
			♟만력제 (1572년~1620년)		무로마치 막부의 멸망(1573년)	
	스페인인이 마닐라에 필리핀 도독령을 세움(1571년)		장거정의 개혁 (1572년~1582년)		도요토미 히데요시가 태정대신으로 취임(1586년)	
			○ 일조편법의 전국 확대		임진왜란 · 정유재란(1592년~1598년)	
			마테오 리치가 마카오에 도착(1582년)			

연대	남 · 북아메리카	유럽				
		포르투갈	프랑스	잉글랜드	이탈리아 가톨릭교회	신성 로마 제국
1300년	**아즈텍 제국** 건국(14세기 중반)					
1400년			오를레앙 전투(1429년)	장미 전쟁 (1455년 ~1485년)	○ 이탈리아 르네상스의 전성기	**콘스탄츠 공의회**(1414년~1418년) 얀 후스 처형(1415년) **합스부르크가 왕가** 전성기(1438년) ○구텐베르크가 활판 인쇄술을 ٰ
	잉카 제국 등장 (15세기 중반)	카스티야 왕녀와 아라곤의 왕자의 결혼(1469년)				
	콜럼버스가 산살바도르 섬에 도착 (1492년)	👤마누엘 1세 (1495년 ~1521년) **스페인** 건국 (1479년)		**튜더 왕가** 성립 (1485년)	○ 이탈리아 전쟁 (1494년~1559년)	
1500년	발트제뮐러가 제작한 세계지도에 아메리카라고 명명(1507년) **발보아**, 태평양에 도착(1513년) **코르테스에 의해 멸망** (1521년) **피사로에 의해 멸망** (1533년) 포토시 은광이 발견(1545년) 예수교가 북아메리카 대륙에서 포교를 시작(1549년)	그라나다 점령 (1492년) 👤카롤루스 1세 (1516년 ~1556년) 마젤란 함대의 세계 일주 (1519년 ~1522년) ○ 아메리카 대륙의 은이 다량 유입됨 👤펠리페 2세 (1556년 ~1598년)	👤프랑수와 1세 (1515년 ~1547년) 예수회 창설 (1534년) 벽보 사건 (1534)		레오나르도 다 빈치가 〈모나리자〉 제작에 착수 (1503년) 👤레오 10세 (1513년~1521년) 면벌부 발행 (1513년) **트리엔트 공의회**(1545년~1563년)	마르틴 루터가 '95개조 반박문'을 발표(1517년) 👤카를 5세(1519년~1556년) 독일 농민운동(1524년~1525년) 슈말칼덴 동맹(1531년) **아우크스부르크 화의**(1555년
		레판토 해전 (1571년) 칼레 해전 (1588년)		👤엘리자 베스 1세 (1558년 ~1603년)	네덜란드 독립 전쟁 (1568년~1648년) **네덜란드** 👤빌럼 1세 판 오라녜 (1572년 ~1584년)	
1600년						

하나로 연결되는 세계
(1400년 ~ 1600년)

하루
한 권
학습만화

세계의 역사 7

목 차

등장인물 ——————— 004

시대의 흐름을 파악하자!
그림으로 보는 역사 내비게이션 ——————— 008

세계를 한눈에 보자!
파노라마 연표 ——————— 012

만약에 만화 ——————— 016
만약에 ▶ 대항해시대의 배를 타고 크루즈 여행을 간다면… ⁉

제 1 장

명의 번성과
동아시아의 바다 ——————— 024

• 홍건적의 난과 '주원장'의 명 건국
• '정화'의 남해원정
• 북로남왜(몽골과 왜구)
• 명의 문화

〈자켓 및 표지〉 곤도 가쓰야 (스튜디오 지브리)

르네상스와 종교개혁 ——— 078

- 꽃피운 르네상스
- 종교개혁의 시작
- 개신교의 확산
- 가톨릭의 자주개혁과 해외포교

아시아에 도착한 유럽인 ——— 130

- '바스쿠 다 가마'의 출항
  (새로운 항로를 찾는 항해)
- 인도 도착
- 포르투갈의 아시아 진출
- 포르투갈의 해상 교역 진출

유럽의 아메리카 진출——— 176

- 스페인 왕국의 등장과
  국토회복 운동 (레콩키스타)
- '콜럼버스'의 항해
- 중남미 정복과 식민지화
- 태양이 지지 않는 나라

글로벌한
관점으로
세계를
이해하자!

세계사 내비게이터
하네다 마사시 교수
일본판 도서를 감수한 도
쿄대학의 명예 교수. 세계
적인 역사학자로 유명함

〈일러스트〉 우에지 유호

인도 항로가 개척된 이후, 포르투갈 사람들은 교역이 활발한 항구 도시에 거점을 마련하기 시작했지요.

그들은 캘리컷 동쪽의 마카오에서도 세력을 떨쳤습니다!

캘리컷에 도착하는 말린디를 항로!

몸바사 거쳐

아프리카 남단에 있는 희망봉을 지나

캘리컷

마카오

말린디

몸바사

인도양

희망봉

도자기

비단

향신료

이 배에서 인도양 쇼핑을 마음껏 즐겨 보시게!

여행 선물을 찾는다면 향신료가 제격이외다!

음?
저건
…

이게 현실이 아니라서 정말 다행입니다…

사실, 가마의 배는 무능한 도선사 때문에 난리가 났었지요. 야채나 과일을 제때 섭취하지 못해 병에 걸리는 선원도 많았고… 이래저래 고생을 바가지로 한 모양이던데.

그럼, 즐거운 여행 되시게!

남북 아메리카 대륙

태평양

콜럼버스

마젤란 선단

마젤란 해협

마젤란 선단

15세기 말, 콜럼버스는 남북 아메리 대륙 인근의 섬에 도착하지요.

그 후, 1519년에 마젤란과 그의 선대 역시 여행을 시작합니다!

마침내 세계 일주에 성공하는 순간이었지요!

스페인을 출발해 아메리카 대륙으로 향했습니다. 1522년, 긴 항해 끝에 마젤란 해협을 지나 태평양으로 빠져나가는데요!

마젤란 선대는

대항해시대의 항해란, 목숨을 걸어야 할 정도로 위험했던 거죠.

배고파 ···

병에 걸리거나 영양실조로 사망하기도 했습니다.

또한, 가마의 선단과 마찬가지로 마젤란의 선원들 역시 음식을 제대로 섭취하지 못해

어떻소! 굉장하지 않은가!

비록, 마젤란은 세계 일주 중에 죽었지만 말이지요.

애도 먹을 수 있겠죠?

먹을 수 있는 건 다 잡아와!

원주민과 싸우다가 그만···

19

설마, 당신은…

우리랑은 차원이 다른 규모잖아!

이게 다 몇 척이야…?

2백 척이 넘는 함대를 이끌고 출발했었지.

2백 척이나…!!

명(明)의 '정화' 사령관!

나를 아시오?

그대들보다 100년 정도 먼저 항해를 시작했는데, 신기하군.

정화
(1371~1434)
원정 총사령관

그의 별동대는 아프리카 동해안까지도 진출했었다고 전해집니다.

인도 연안의 도시들, 스리랑카를 지나 마지막에는 호르무즈에 도착했는데요.

호르무즈

명(明)

동남 아시아 각지와

정화는 명에서 남해로 원정을 떠나,

14세기
중반

몽골은
유라시아 대륙을 통일해
원(元)을 세웠지만
황위를 둘러싼
잡음이 끊이지 않아

점차
그 기세를
잃어가고
있었다.

또한,
이상기후
현상이 발생해
자연재해와
역병이
창궐했다.

먹고 살기조차
어려웠고,
조정은
제 구실을
하지 못했다.

24

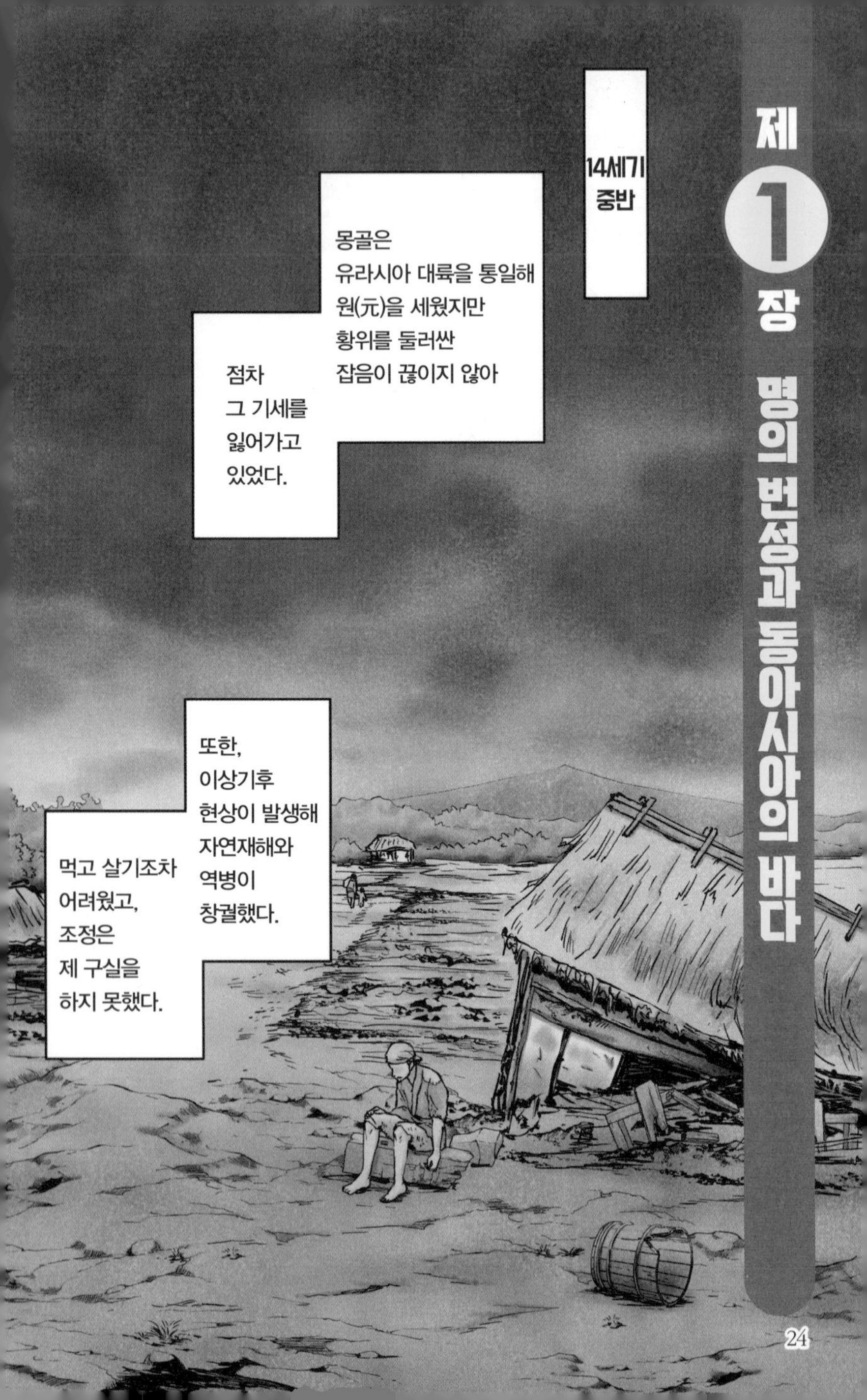

[1351년]
백련교의 신자가
반란을 일으킴

이 무렵
중국 사회는
혼란에 빠졌고,
독립 세력이
난무하는
전란의 시대를
맞는다.

혼란을 틈타
이 나라를
갖고야
말겠어!

[1353년]
소금 밀매업자인
'장사성'이
반란을 일으킴

[1348년]
소금※1 밀매업자,
'방국진'이
반란을 일으킴

※1 중국에서 소금은 황실의 전매품이었음

비밀 종교 단체 '백련교'도
이 반란 세력 중 하나였는데,
'혼란한 시기에 미륵이 나타나
사람들을 구원할 것'이라는
교리를 가지고 있었다.

'홍건적의 난'※2이라 불리는
이 반란은 노역과
기근으로 힘들어하던
화북※3 일대 백성들의
기폭제가 되었다.

원을
몰아내고
낙원을
만들자!

천하대란,
미륵하생
(天下大乱
弥勒仏
下生)！

※2 1351년~1366년 사이에 발생한 반란. 머리에 붉은 두건을 두르고 다닌 것에서 유래해 붙은 이름
※3 중국 북부 지역을 지칭하는 말

그래서 홍건군에 들어오고 싶다…?

흥…

곽자흥
홍건군 장군

당신이 '곽자흥'이오?

1352년. 회하 강 유역

나는 탁발승 주원장이라 하오. 속세의 일이 하도 답답해 찾아왔수다!

네놈의 관상이 재미있구나.

좋아, 허락하도록 하지.

존재감을 드러내기 시작했다.

우리도 가겠네!

홍건군에 합류한 주원장은 고향 사람들을 불러 모아 서서히 자신의 세력을 키우며

오호라, 좋은 인재의 등용이라…

그렇다면, 그대를 발탁하는 것부터 시작하지!

씨익

이렇게 주원장은 천군 만마를 얻는다.

유학자들이 몰려와 책사를 자처하며 그를 보필했다.

곽자흥이 병으로 쓰러지자 주원장이 그 뒤를 이었고,

응천부를 (應天府)※ 새 나라의 도읍으로 삼는다.

※ 난징

응천부

곧이어 백련교와의 연을 끊고 건국을 결심한 뒤

주원장은 라이벌을 차례대로 무너뜨리고 세력을 확장해 나가며 승승장구한다.

1368년, 주원장은 명(明)의 초대 황제가 된다.

국호를 명으로 하고,

올해를 홍무(洪武) 원년으로 삼는다!

한 황제에 하나의 연호를 사용하는 일세일원제※2가 정착되면서,

훗날, 이 연호를 따 주원장은 '홍무제'※1라 불리게 된다.

홍무
건문
영락
홍희
선덕
정통
경

황제들을 연호로 지칭하게 된다.

※1 주원장에게는 사후 '태조'라는 묘호가 부여됨
※2 一世一元制. 일본에서는 메이지(明治) 시대에 도입

원(元)을 쳐라!

천명(天命)이 우리에게 넘어 왔도다.

홍무제는 명을 건국한 이후에도 전국 각지에 군사를 보내 주변국을 경계했다.

그리고 ….

이후, 몽골 고원으로 물러난 원의 세력을 북원(北元)이라 부른다.

만리장성

대도

토곤 테무르
원 황제

원의 황제, '토곤 테무르'는 대도※3를 버리고 북방으로 도망친다.

홍무제가 화북에 원정군을 파견하자

응천부※4

※3 베이징
※4 난징

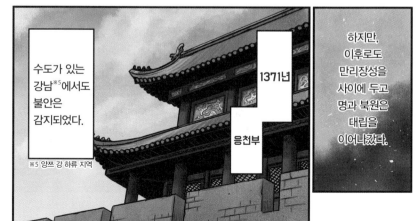

수도가 있는 강남※5에서도 불안은 감지되었다.

※5 양쯔 강 하류 지역

1371년

응천부

하지만, 이후로도 만리장성을 사이에 두고 명과 북원은 대립을 이어나갔다.

만일 놈들이 왜구와 손이라도 잡는 날엔…

원(元)에 반기를 들었던 세력의 잔당들이 연안 지역에서 계속 저항중입니다.

왜구란,

일본에 거점을 두고, 중국과 한반도 연안에서 활동하던 해적을 가리키는 말이다.

한시라도 빨리 조치를 해야 할 터인데…

왜구는 우리에게도 위협적인 존재다.

왜구들은 일본이 정치적으로 혼란한 틈을 타, 한반도와 중국 연안을 습격했다. 이들을 조선 시대 왜구와 구분해 '전기 왜구'라 부른다!

당시 일본은 '북조'인 무로마치 막부와 '남조'인 요시노의 천황 정권이 대립하던 남북조 시대*였다.

※ 가마쿠라 막부 멸망 후, 남조와 북조가 나뉘어 대립하던 1392년까지의 시기

32

오늘부터 명의 백성은 바다에 나갈 수 없다!

흠.

이 엄격한 정책은 약 200년 간 지속된다.

해적선을 내쫓아야 하니, 민간인의 출항과 무역도 금지하라.

이를 해금(海禁) 정책이라고 부른다. 명의 백성이 왜구나 반명 세력에 결탁하는 것을 막기 위한 수단이었다.

명의 사절단을 맞이한 류큐와 베트남의 쩐 왕조는 자국의 사절단 역시 명으로 보내며 조공을 바쳤다.

북원

만리장성 고려

명

류큐

쩐 왕조

한편, 홍무제는 북원을 경계해 주변국에 사절단을 보냈다.

우리와 교역을 맺게 하라!

각 나라에 사절단을 보내 중원 지역의 주인이 명이라는 것을 알리고,

우리와의 관계를 지속시키기 위함이니!

공물에 대한 답례로 천자^{※1}의 하사품을 섭섭지 않게 보내라!

※1 중국 최고 통치자를 이르는 말. 하늘을 대신해 천하를 다스리는 사람이라는 뜻

조공^{※2}이란 종속국이 종주국에 사절단을 파견해 바치는 공물을 의미한다. 이때, 종주국의 군주는 종속국의 사신에게 답례품을 하사해야 한다.

※2 조공은 중국의 주(周) 시대에 시작된 것으로, 한(漢)과 당(唐) 등 역대 황조에서도 실시

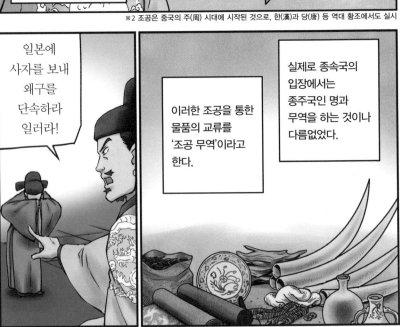

일본에 사자를 보내 왜구를 단속하라 일러라!

이러한 조공을 통한 물품의 교류를 '조공 무역'이라고 한다.

실제로 종속국의 입장에서는 종주국인 명과 무역을 하는 것이나 다름없었다.

일본에 도착한 명의 사자가 처음 찾아간 곳은 바로 남조였다.

일본의 정식 조정은 남조가 아닌 우리 북조이거늘!

명의 사자에게 이 사실을 확실히 알려주리다!

아시카가 요시미쓰
무로마치 막부 제3대 쇼군

쇼군? 일본국왕[3]의 예의도 모르는 일개 가신이 아닌가! 놈들!

하지만

※3 명(明)에서 천황을 부르던 호칭

1374년

아시카가 요시미쓰는 포로로 잡은 왜구를 명의 사신에게 넘기며 이들을 제압할 수 있다고 주장했다.

좌아

일본이 보낸 사신는 빈손으로 돌아올 수 밖에 없었다.

홍무제는 쇼군의 서신을 사실상 거절했다.

몬케이 엔센
무로마치 막부 사신

35

'호유용'은 오랜 중신이기는 하나,

지금은 세력이 너무 커져 때로는 나를 업신여기는 듯한 언행을 보이는구나.

1380년

한편, 명은

수상에 해당하는 '승상'※1을 임명하는 등, 초기에는 원의 관직제도를 그대로 사용했다.

하지만

※1 중서성 장관. 좌승상, 우승상이 있음.

호유용
중서성※2 좌승상

※2 원(元)·명(明)대의 최고 행정 기관

무의미한 살생은 아니된다고 그렇게나 강조하였건만….

그의 친족과 부하를 포함해 약 1만 5천 명이 처형당한다.

조정의 실세였던 좌승상, 호유용이 역모 혐의로 체포되면서

36

홍무제는 원 시대에 힘을 갖게 된 중서성을 폐지했다.

황제

승상 중서성

공부(工部) 형부(刑部) 병부(兵部) 예부(禮部) 호부(戶部) 이부(吏部) 육부(六部)

중앙 관청인 6부는 황제 직속으로 둔다!

모든 신하는 오직 황제만을 위해 행동하라!

또한, 원 시대에 폐지한 과거 제도를 부활시켜 유능한 인재를 등용하고자 했다.

이밖에도 역대 중국 황실의 형법과 행정법을 개편해 대명률(大明律)·대명령(大明令)을 공포했다.

군신 관계와 사회 예절이 강조된 '성리학'※1을 관학(官學)※2에서 가르치게 했으며, 과거 시험에 출제하기도 했다.

※1 성리학을 집대성한 주희의 이름을 따 주자학(朱子學)이라고도 함
※2 국가가 설립해 운영하는 학교. 지금의 공립학교에 해당함

38

농촌은 기근과
동란으로
몹시
황폐해졌다.

가난한 농민
출신의 황제,
홍무제는

농촌
재정비에
심혈을
기울였다.

국가가 나서서
백성들의 생활을
안정시켜야 해.

은의 가치에
의존하지 않는
재정 구조를 만들어야 해.
쌀과 보리와 같은
현물을 중심으로 하면
어떨까?

지금은 무역이
침체 되어
국외에서
들어오는
은의 공급이
끊긴
상태인데…

또한, 명은 화폐 개정이라는
과제를 떠안고 있었다.
원 시대에 발행한 '교초'는
은의 가치가 기준이었다.

교초

원 시대의 화폐.
기준 통화인 은을 보조하는
'보조 통화'로 사용함

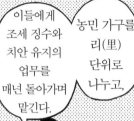

이들에게 조세 징수와 치안 유지의 업무를 매년 돌아가며 맡긴다.

농민 가구를 리(里) 단위로 나누고,

이러한 조사를 기반으로 호(戶)※를 기본 단위로 하는 통합 체제인 '이갑제(里甲制)'를 마련했다.

호적·조세 대장인 '부역황책(賦役黃冊)'과 토지대장인 '어린도책(魚鱗圖冊)'을 만들었다.

우선, 모든 가구의 토지를 조사해

현(県)의 관리

110호를 1리로 편성한다.
110호 가운데
부유한 10호는 이장호로 삼고,
나머지 100호는
각 100호씩 묶어 10갑으로 나눈다.
그리고 매년 이장호 1호와
갑수호 1호가 돌아가며
세금 징수 업무를 담당하게 했다.

1리(110호)
=10 이장호(里長戶)
+10갑(甲)

이장호×10호

1갑
=10호   ×10

어린도책

구획 그림이 물고기 비늘처럼 보인다고 해서 붙인 이름

※ '호(戶)'란, 가구를 가리키는 말. 통치의 기초 단위로 삼음

육유

• 부모에게 효도하라
• 연장자를 공경하라
• 향리를 화목하게 하라
• 자손을 가르쳐라
• 각자 삶의 이치에 만족하라
• 옳지 않은 일을 저지르지 마라

그리고, '육유(六諭)'를 국가 강령으로 공포한다.

자기들 일은 스스로 해결하게 하는 편이 관리하기도 좋겠지.

리(里)에는 마을의 장로 역할을 하는 이노인(里老人)을 두고, 육유(六諭)를 가르치거나 분쟁을 조정하게 하자.

명(明)의 군사제도

중앙의 오군도독부 밑에 각 지방의 도지휘사사를 두어 위소를 관리하게 했다.

또한, 군사 제도의 경우에는 병역을 담당하는 '군호'를 지정하고, 군역을 맡는 '위소제'를 마련했다.

중앙	오군도독부	
지방	도지휘사사	
	위	1위=병사 5,600명
	천호소	1천호소=병사 1,120명
	백호소	1백호소=병사 112명

그리고 세금은 은이 아닌 곡물 등의 현물로 징수했다.

이렇게 명은 '호'라는 단위에 기반해 백성을 체계적으로 관리했다. 이러한 제도적인 장치로 세금을 효율적으로 징수했으며, 노동력과 병력을 확보할 수 있었다.

홍무제는 명을 건국해 새로운 질서를 확립했다.

내가 죽은 뒤를 대비해 방해물은 모조리 치워야 한다.

이제는 아무도 믿을 수 없다.

그러나 말년에는 측근을 비롯한 많은 사람에게 누명을 씌우고 차례로 숙청했다.

1392년, 홍무제의 장남, '주표'가 사망하면서 황위를 이어받을 손자에게 위협이 될 만한 요소를 모두 제거한 것이다.

황태자가 어찌 나보다 먼저…

홍무제 또한 1398년에 사망한다.

홍무제의 손자인 '건문제'는 16살의 나이로 즉위한다.

건문제
명 제2대 황제

숙부님들의 세력을 약화시켜야 한다.

황위에는 올랐으나, 각지*에 있는 숙부님들 때문에 위태롭기 그지없구나.

건문제는 자신의 숙부들에게 압력을 가했다.

※ 홍무제는 황자들을 번왕(藩王)으로 책봉해 각지로 보내 국경을 지키게 함

43

명의 유능한 장군들은
홍무제의
무차별적인 숙청으로
모두 죽은 뒤였고,
건문제는 결국 패배한다.

아바마마인
홍무제의 치세를
더욱 완벽하게
완성시켜
보이겠다.

승리한
연왕은
1402년,

명의
제3대 황제인
영락제로
즉위한다.

45

영락제는 명주(明州), 천주(泉州), 광주(廣州)에 시박사※1를 설치하고 외국 사절단의 접대와 무역 업무를 맡겼다.

남경 (난징)

광주 (항저우)

명주 (닝보)

천주 (취안저우)

더 많은 나라로부터 조공을 바치게 하라!

나의 즉위가 정당함을 주변국에 알려라!

※1 市舶司. 해상 교역 관련 업무를 과장하던 기구

명은 해금 정책을 펼치는 중이었고, 해상 무역을 할 길은 조공 외에는 없었다.

그래서 주변국들은 조공 무역에 더욱 적극적으로 나섰다.

또한, 명에 공물을 바치고 황제로부터 책봉※2을 받은 자만이 조공 무역을 할 수 있었는데,

일본의 아시카가 요시미쓰 역시 명에 사신을 보내 일본국왕으로 책봉된 뒤에야 교역을 할 수 있었다.

※2 중국 황제가 조공하러 온 주변국 군주에게 작위를 수여하는 일

1404년

일본에서 왔군. 일단 감합을 보여주시게.

감합?

여기 있습니다.

이와 같은 명의 무역형태는 '감합(勘合)'에서 이름을 따 감합무역이라 부르기도 한다.

그래?

좋은 제도구만.

짜잔

일종의 무역 허가증 이지.

이 감합을 소지한 배만이 명과 교역할 수 있지.

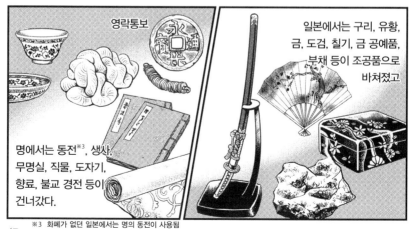

영락통보

일본에서는 구리, 유황, 금, 도검, 칠기, 금 공예품, 부채 등이 조공품으로 바쳐졌고

명에서는 동전※3, 생사, 무명실, 직물, 도자기, 향료, 불교 경전 등이 건너갔다.

※3 화폐가 없던 일본에서는 명의 동전이 사용됨

서쪽 나라에 사신을 보내 조공을 권유해야 하니 배를 개조하라!

좋아. 조공국을 늘리도록 하지.

천주 (취안처우)

동양

서양

수마트라

당시 중국에서는 천주와 수마트라 사이에 경계선을 긋고 동양과 서양을 구분했음

명의 위신을 알리고 공물을 바치라 전하거라.

서양으로 원정을 다녀오거라.

1405년, 영락제는 대외 정책의 일환으로

무슬림※1 환관※2인 정화에게 대함단을 맡기며

※1 이슬람 교도
※2 황국에서 황제 일가를 모시는 특수한 신분의 사용인

인도양을 지나 아라비아해 까지 가는 대항해를 명령했다.

예. 폐하.

반드시 성공하겠 나이다.

이번 원정은 그대의 종교가 큰 도움이 될 것이다.

정화
환관

오오, 이것이 내가 타고 갈 배라니!

이렇게 크고 훌륭한 배는 처음 보는구나.

그리고 동남아시아와 인도양 연안 지역에서 모은 정보를 명의 조정에 보고했다.

정화는 이후 여러 차례 원정에 나섰다.

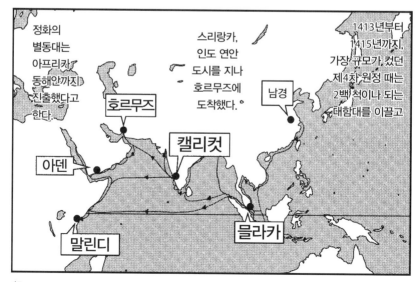

정화의 별동대는 아프리카 동해안까지 진출했다고 한다.

스리랑카, 인도 연안 도시를 지나 호르무즈에 도착했다.

1413년부터 1415년까지, 가장 규모가 컸던 제4차 원정 때는 2백 척이나 되는 대함대를 이끌고

호르무즈

남경

캘리컷

아덴

말린디

믈라카

정화는 1433년까지 총 일곱 번의 원정에 나섰다.

배를 정박할 때마다 해적을 소탕했고, 현지의 내란에 개입하는 등 명의 위신을 널리 떨쳤다.

류큐와 믈라카는 이를 발판 삼아 교역지로서의 입지를 다진다.

외교 사절단을 보낼 여력이 없던 동남아시아의 항구도시나 무역상은 후에 류큐와 믈라카를 통해 실질적으로 명과 교류하게 된다.

영락제가 원정단을 파견해 인접국에 조공을 요구하면서 명에 공물을 바치는 나라가 일시적으로 확대되었다.

명

류큐

믈라카

1407년, 명은 베트남 북부를 정복한다.

영락제는 정화의 원정에 그치지 않고 적극적으로 대외 사업을 이어나갔다.

오이라트

몽골

또한, 원(元)의 서쪽에 위치한 오이라트[1]와의 항쟁에도 여러 번 군사를 출병시키며 개입했다.

이후 북경은 약 500년 동안 명, 청의 수도가 된다.

영락제는 다섯 번이나 원정에 나서는 등, 몽골에 적극적으로 대항했다. 더불어, 1421년에는 몽골과 가까운 북경[2]으로 수도를 옮기기도 한다.

북경 (베이징)

남경 (난징)

[1] 칭기즈 칸의 후손들이 아닌 몽골의 유목 부족

[2] 1403년, 북평의 이름이 북경으로 바뀜

곧 북경에 당도하옵니다. 힘을 내시오소서!

폐하!

결국, 몽골을 평정하지 못하고 이렇게 떠나는군.

하지만

1424년, 다섯 번째 몽골 원정 도중, 영락제가 사망한다.

몽골 원정은 중단되었고, 베트남은 1428년에 다시 독립해 '레 왕조'※를 성립한다.

거액의 비용을 쏟은 남해원정은 정화의 죽음으로 더 이상 진행되지 않았고,

조공 무역 역시 명이 얻는 이익에 비해 지출이 컸기 때문에 그 규모에 제한을 두게 된다.

※ 독립한 후에도 명과 조공 관계를 유지함

영락제 사후, 명의 대외 정책은 소극적으로 변해갔다.

황제까지 몽골의 포로로 붙잡힌다. 이 사건을 '토목의 변' 이라 부른다.

명은 전투능력이 뛰어난 오이라트에 패배했고,

50만이나 되는 명의 대군이 패배할 줄이야…

이렇게 해서 만리장성의 보수가 시작되었다.

그러면 말이 뛰어 넘지는 못할 겁니다.

진시황께서 쌓아 올린 만리장성을 보수※1 하는 게 어떻소이까.

정통제는 가까스로 풀려났으나, 이후 명의 대 몽골 정책은 수비적으로 바뀐다.

※1 현재 남아있는 만리장성은 대부분 명 시대의 보수 과정에서 만들어진 것

일본이 명과의 대금을 모두 은으로 치르면서, 명에 은이 많이 유입되었다.

1530년대, 일본의 '이와미 은광'에서 '연은분리법'을 도입해 은 생산량이 폭발적으로 증가한 것이다.

그러나 때마침 일본에서 은의 생산이 증가하기 시작한다.

하지만 명에서는 은이 거의 생산되지 않았다.

명은 북방 국경 지대에 군대를 배치했다. 군사 주둔에 필요한 막대한 비용과 식량을 전국 각지에서 조달했는데, 이 과정에서 '은'은 필수였다.

이와미 은광

이들 또한 왜구라 불렀다. 일본 열도보다는 중국 대륙 연안을 중심으로 활동했다는 점이 특징이다. 16세기에 활동한 이 왜구들은 14세기의 전기 왜구와 구분해 '후기 왜구'라 부른다.

우리는 개인끼리 거래를 하거나, 가끔은 연안 마을과 상선에 쳐들어가 해적질을 하기도 했지! 그래서 우리 사(私)무역 상인*이 등장하게 된 거다, 이 말씀!

하지만 명과의 무역은 어디까지나 조공 무역으로 한정되어 있었다.

왕직
사무역 상인

※2: 비공인 무역을 하는 상인

55

우리의 물건을 원하는 상대가 있는데, 어찌 팔지 않고 배길 수 있겠는가.

민간인에게는 무역의 기회가 없었기 때문에 중국 대륙 연안에는 왜구가 창궐할 수밖에 없었다.

명주 (닝보)

주산 군도 (저우산 군도)

주산군도 쌍서※

※ 雙嶼, 류황도

후기 왜구 중에는 왕직이라는 해적이 이름을 날렸다.

사무역의 거점으로 삼기에 최적의 장소로다.

무역이 활발했던 명주와도 가깝고, 작은 섬들이 흩어져 있으니 배를 숨기기에도 적당하군.

왕직은 이곳에서 명, 동남아시아, 일본의 물건을 사고팔았다.

쌍서에는 중국의 사무역 상인뿐 아니라, 동남아시아나 일본의 배도 드나들었다.

일본에서 생산된 은 역시 쌍서를 통해 명으로 흘러 들어갔다.

또한, 쌍서에는 포르투갈 사람들도 찾아왔다.

명의 물건은 고생을 감수할 가치가 충분하답니다!

포르투갈에서 먼 길 오시느라 수고 많았소.

왕직은 쌍서 사무역의 우두머리로 손꼽혔다.

이 또한 동아시아 무역이 활발히 이루어졌다는 증거다.

타앙

왕직의 배가 '다네가 섬'에 표류할 당시, 그 곳에 타고 있던 포르투갈인이 일본에 조총을 소개했다는 설이 있는데

왕직은 일본의 고토 열도와 히라도를 전전했다.

일단 일본으로 몸을 피하자.

여긴 위험해.

1548년과 1553년, 명은 군대를 보내 쌍서가 위치한 주산군도를 공격했다.

쌍서를 중심으로 사무역이 크게 번성했으나, 명은 이를 가만히 내버려 두지 않았다.

히라도

규슈

고토 열도

후기 왜구의 주요 활동 지역

당시의 연호를 따서 이들을 '가정대왜구'※1 라고 불렀다.

침략지

※1 가정제 통치 기간이었던 1522년부터 1566년 사이에 활발했던 해적 활동을 총칭하는 말. 왕직도 여기에 가담함

왕직이 사라지자 쌍서에 남은 사람들은 무역보다는 약탈과 같은 해적질에 힘을 쏟았다.

정면돌파다! 해금 징책을 없애 달라고 조정에 압력을 가하자!

1557년

왕직은 일본에서 돌아와 명의 관리와 교섭을 시작했다.

왕직의 제안은 받아들여진 것처럼 보였지만,

그는 결국 체포되어 처형 당한다.

나라가 인정해 준다는데, 뭐하러 몰래 장사를 하겠는가!

1567년, 해금 정책을 완화하면서 명의 감독 하에 무역 하는 '호시(互市)'를 설치한다.

그러나, 명은 단속 강화로 인해 가정대왜구가 기승을 부리자 정책을 변경한다.

사무역이 공식적으로 승인되면서, 이 시기를 기점으로 왜구의 활동이 줄어든다.

명 북쪽에서는 몽골의 칸인 '알탄'이 명에게 무역을 요구하며 공격을 퍼부었다.

남쪽에서 후기 왜구가 기승을 부리던 무렵,

우리 한테도 무역을 확대 하라고!

1550년, 몽골군은 단숨에 북경까지 진격해 도시를 포위한다.

국경 지대에 말 시장을 세워 달라!

알탄 칸
튀메드의 칸

이제 명 놈들도 뼈저리게 느꼈겠지.

삼일 밤낮으로 명을 위협하는 '경술의 변'을 일으킨다.

몽골은 북경을 포위한 다음

수도까지 쳐들어올 줄이야…

60

그 후로도 몽골은 무역을 요구하며 명을 끊임없이 괴롭혔다.

1571년
결국, 명은 알탄 칸과 화해하고 마시(馬市)※¹를 마련한다.
이후 몽골과 명의 관계는 한층 안정되었다.

※1 말시장. 이곳에서 몽골의 가축 · 모피, 명의 직물 · 곡식 · 생필품이 거래됨

로(虜)※²=몽골

※2 '로(虜)'는 적을 의미하는 단어

이처럼 오랜 기간, 명을 괴롭힌 북방 몽골과 동남 연안부의 왜구를 '북로남왜'라 부른다.

다만, 명의 규제에 맞서 무역 개방을 요구한 활동들은

사실상 사무역이 허용되면서 점점 사라져갔다.

왜(倭)=왜구

15세기, 명의 북경 천도 후 다른 문제가 불거졌다. 당시 강남을 비롯한 중국 남부는 농업 발달 지역이었는데, 세금으로 징수한 수확물을 북경으로 운반할 방법이 막막했던 것이다.

이에 따라 운반이 쉽고, 모든 지역에서 가치가 동등한 '은'을 다시 사용하기 시작한다.

마제은(馬蹄銀)
명 시대에는 은화를 만들지 않고 마제은이라는 은괴의 무게를 재서 화폐로 사용함

은의 사용이 확대되면서 명의 재정도 영향을 받았다.

16세기 후반, 북경 자금성

세금으로 거둔 은으로 필요한 물자를 사는게 훨씬 편한데 말이야.

어디서는 은으로 노역을 대체하기도 한다더군.

이제와서 현물로 처리하라니?

세금 징수나 노역 관리는 이갑에게 맡겨 왔었는데!

이때,
무역을 통해
아메리카 대륙과
일본에서 생산한 은이
중국에
유입되기 시작한다.

이를
어쩐다
….

그러게….

계산이
번거로워서
부정부패가
발생하고
있다는
이야기도
있고…

세금을 내는 수단이
제각각이라
관리가 어렵다고
다들 난리라네.

이때,
'장거정'이
해결책을
내놓는다.

강남에서는
세금과 노역을
은으로 통합해
낸다고 하던데….

이 방법을
전국으로
확대
해야겠군.

장거정
내각대학사※

※ 황제의 참모. 이 시기에는 정치를 총괄하는 역할을 했음

장거정이 만든
이 방식이 바로
일조편법
(一條鞭法)이다.

세금은
모두
은으로
납부하라.

토지세

노역

또한,
호 단위마다 현물로 걷던
홍무제 시기의 납세 방식도
모두 은을 내는 것으로
대체되었다.

장거정의 개혁이
아주 효과적이지는
않았으나,
명은 조금씩 재정을
회복해 나갔다.

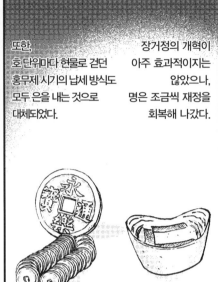

전국의
농지를
모두
측량하라!

납세의
범위를 넓혀
세수 확보에
집중한다!

또한,
경제 활동과
문화 생활이
활발해졌다.

사치스러운
생활을 하는
사람들이
도시에
넘쳐났다.

금전
거래가
활발해
지면서

은을 매개로 한
화폐 경제가
발달하면서
백성들의 생활도
크게 바뀌었다.

역시, 이곳은 활기가 넘치는군!

이와 같은 이유로 대도시 중심의 서민 문화가 꽃을 피웠다.

생원※1

※1 과거에 응시할 자격을 갖춘 학생

어딜 가나 부자 뿐이군.

향신※2 아니면 거상 이겠지.

※2 과거에 합격해 관료가 될 자격을 갖춘 자. 선비, 자산가로서 사회적으로 높은 지위를 지님

이 큰 가게는 산시 상인,

저긴 휘주 상인의 것일테고.

어!

연극 이다!

저 배우, 목소리가 참 좋아.

부를 축적한 거상들은 군사 거점으로 물자를 조달하기도 했다. 이처럼 명의 재정과 거상 사이의 관계는 아주 밀접했다.

전국 각지에 흩어져 있는 같은 고향 출신끼리 연합해, 장사할 수 있는 지역을 늘린다더군!

안되네! 책방에 가기로 하지 않았나!

그럼 잠깐 보고 갈까?

그래?

'모란정환혼기'※1 로군.

덩현조라고, 조정에 있던 관리 나으리가 쓴 연극이라지?

요새 인기가 장난 아니던데 말이야.

아 참, 뭘 산다고 했더라?

그랬지!

※1 牡丹亭還魂記

서유기(西遊記)

당(唐) 승려, 현장법사의 천축 여행과 그에 관련된 설화를 오승은이 엮어 만든 장편 소설

『삼국지연의』라네.

삼국지연의(三國志演義)

후한 말, 위·촉·오가 승부를 겨루던 실제 모습을 그린 역사 소설. 나관중이 집필함

얼마 전에 『서유기』를 읽었는데, 무척 흥미진진 하더군.

이미 읽은 책이로군!

아, 이건 '이탁오' 선생의 주석이 달린 책일세.

성격이 유별나다더니, 새로운 시각으로 해석을 해서 그런지 무척 재밌었다네.

이지(이탁오)

명 말기의 사상가. 호(號)※2는 탁오.
성리학을 비판한 서책을 집필함
이로 인해 투옥되었으며,
옥중에서 자살한 인물

※2 학자나 화가 등의 사람들이 본명 이외에 사용하는 이름

이 무렵, 명의 국학은 성리학이었다.
그러나 한쪽에선
주류파인 성리학자를
비판하는 흐름도 생겨났는데,
왕수인이나 이지 같은 사상가들은
이에 따라 새로운 학문을 제창했다.
'양명학'의 등장이었다.

이탁오 선생이라면, 양명학 학자가 아닌가. 소설도 쓰시는 건가?

수호전(水滸傳)

시내암의 소설.
북송(北宋) 시대에
도적단으로 활동한 호걸
들이 주인공으로 등장함

그러고 보니 『수호전』에도 주석이 달려 있군!

선생께서는 고상한 문학작품이 아니라, 서민을 위한 작품에 인간의 본질이 들어있다 하셨네.

왕수인(왕양명)

명대 중기의 사상가. 호(號)는 양명.
양명학이라고도 불리는 그의 사상은
서민들의 지지를 받았음

마테오 리치

'곤여만국 지도'라 불리는 세계지도 제작에도 참여했다.

선교사, '마테오 리치'는 '이기'와 친분을 쌓았고,

'천주의 말씀'※1 이라는 걸 전하는 사람이라지, 아마?

이탁오 선생은 외국 사람들과도 교류하신다 던데?

이름이 뭐더라 …

맞아! '이마두※2 였다네!

※1 가톨릭

당시는 예수회 중심의 가톨릭 선교사들이 중국에 방문해 포교 활동을 했던 시기였다.

※2 利瑪竇, 마테오 리치의 중국식 이름

명 시대에는 향신 문화와 서민 문화가 발달했으며, 서유럽의 과학지식이 전파되었다.

천문학이나 기하학과 같은 수학적 지식을 가르쳐 실생활에 사용할 수 있게 했다.

또한, 마테오 리치는 가톨릭 신도인 '서광계' 에게

너나 잘 하세요.

그러다 과거에 낙방하면 어쩌려고 그러나.

그나저나 자네, 신문물을 너무 좋아하는군.

도요토미
히데요시
일본의 다이묘

도요토미 히데요시가 그를 계승해 전국을 통일했다.

오다 노부나가의 천하통일은 혼노지의 변으로 좌절되었지만

한편 16세기 일본,

오다 노부나가
일본의 다이묘

일본을 통일한 다음에는 명을 손에 넣어야겠다…!

1587년에 일본 규슈를 평정한 히데요시는, 명으로 눈을 돌린다.

하지만 명은 도요토미 히데요시를 일본 국왕으로 인정하지 않았기 때문에 이 시도는 물거품으로 돌아간다.

명나라 놈들!

명과의 무역을 재개하기 위해서였다.

해적은 용서 못해!

1588년, 도요토미 히데요시는 해적 정지령을 내려 왜구 단속을 강화한다.

조선

명

명을 치기 전에 조선에 사신을 보내 미리 알려야겠군.

상관 없어.

이성계는 개경※1에서 한성부※2로 천도했고, 이후 한성부는 조선의 도읍으로서 발전해 나갔다.

개경

한성부 (서울)

이성계 조선의 초대 국왕

이 무렵의 한반도는 이성계가 고려를 무너뜨리고 조선을 건국한 1392년으로부터 약 200년이 흐른 뒤였다.

※1 북한, 개성
※2 천도하였을 때의 이름은 한양. 후에 한성부로 이름이 변경됨

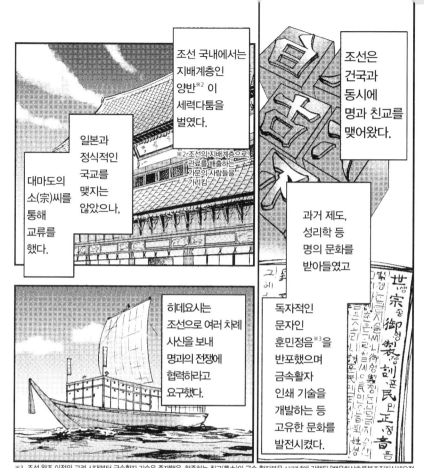

조선은 건국과 동시에 명과 친교를 맺어왔다.

조선 국내에서는 지배계층인 양반[2]이 세력다툼을 벌였다.

※2·조선의 지배계층으로 관료를 배출하는 가문의 사람들을 가리킴.

일본과 정식적인 국교를 맺지는 않았으나,

대마도의 소(宗)씨를 통해 교류를 했다.

과거 제도, 성리학 등 명의 문화를 받아들였고

독자적인 문자인 훈민정음[3]을 반포했으며 금속활자 인쇄 기술을 개발하는 등 고유한 문화를 발전시켰다.

히데요시는 조선으로 여러 차례 사신을 보내 명과의 전쟁에 협력하라고 요구했다.

※3　조선 왕조 이전의 고려 시대부터 금속활자 기술은 존재했음. 현존하는 최고(最古)의 금속 활자본은 1377년에 간행된 「백운화상초록불조직지심체요절」.

조선에는 히데요시의 출병을 우려하는 관리들도 있었으나,

겁낼 것 없다니까.

하 하 하

저들은 절대 공격하지 못할 것이오.

결국, 이렇다 할 대책을 세우지는 않았다.

이들은 하루 만에 부산을 함락시키고 북쪽으로 진군했다.

도요토미 히데요시의 15만 군대가 조선에 상륙한다.

명으로 가기 위해 조선을 정벌한다!

1592년 4월

이를 임진왜란(壬辰倭亂)이라고 한다.

선조는 도읍을 떠나 북쪽으로 몸을 피한다.

할 수 없지. 한성을 버린다.

이렇게 손도 못 써보고 당할 줄이야…

크흣….

선조
조선 제14대 국왕

저들이 한성에 도달하는 건 시간문제이옵니다.

전하!

일본군의 움직임이 심상치 않사옵니다.

이후, 명은 강화에 반대하는 조선을 빼고 일본과 교섭을 시작했지만

양자간의 의견은 쉽게 좁혀지지 않았다.

이번에는 반드시 명과 조선을 정복하고 말겠다!

1597년 일본군은 두 번째 침공을 감행한다.

이를 정유재란 (丁酉再亂) 이라고 한다.

하지만, 정유재란의 발발로부터 1년 반 후,

도쿠가와 공…

아무쪼록, 우리 가문을 잘 부탁하오….

일본군은
즉시 철수를
결정한다.

예!

1598년
8월,
히데
요시가
숨을
거둔다.

도쿠가와 이에야스
일본의 다이묘

조선과 중국으로 영토를 확장하려 했던
도요토미 히데요시의 야망은
실현되지 않았다.

조선은
자국 내에서
전쟁을
치른 데다가

명 군사의
식량도
부담해야
했고,

나아가
일본군과 명군,
양쪽으로부터
약탈을 당해
나라는 쑥대밭이
된지 오래였다.

황폐한 토지와
혼란한 상황 속에서
탄생한 명은

중국 역사상 최초로
강남 지역에
본거지를 두고
남북을 통일했으며,

명 또한 20만 명 이상의
군사를 동원한
전쟁의 손해가 막심했다.

또한,
이후

환관들이
정치에
참견하거나
관료들끼리
파벌 싸움을
명의 조정은   벌이면서
또다시
혼란에 빠진다.

북쪽 몽골,
남쪽 왜구의
침입을 받으면서도
300년 가까이
유지되어 왔다.

16세기, 명의 풍부한 자원은
전세계 사람들의 관심거리였다.
물건을 살 때는 대부분
은으로 값을 치렀는데,
명의 사람들은
그렇게 유입된 은으로
바로 '이것'을 사들였다.

동남아시아의 모피,
그리고 고려인삼이었다.

또한,
조선과 일본의 전쟁이
한창일 무렵.
여진족의 누르하치는
모피와 고려 인삼을 팔아
부를 축적한다.
이는 훗날
그가 동북아시아에서
세력을 확장할때
중요한 밑거름이 된다.

누르하치의
등장은
동아시아 역사의
새로운 장을 여는
계기가 되었다.

척

1460
년대
피렌체

여기가
꽃의
도시,
피렌체
구나!

제 2 장 르네상스와 종교개혁

장인※1이 되고자
피렌체로 온 소년

※1 르네상스 시대에는 '예술가'라는 개념이 없었음. 화가, 조각가, 건축가는 모두 장인이라 부름

78

14세기에서 16세기 사이의
예술가와 학자들은
중세 문화를 계승하는 데
그치지 않고,
고대 그리스·로마 문화를
부흥시켜
전과 다른 문화를
만드는 데 집중했다.

열심히
습작해서
꼭 훌륭한
장인이 될 테야!

이러한
문화 경향을
르네상스※2라
부른다.

※2 '재생'이라는
어원을 가진 단어

피렌체

일본

14세기 초,
이상 기후
현상과 기근이
유럽을 덮쳤다.

14세기 중반에는
흑사병※이 유행해
유럽 인구의 1/3이
사망했다.

※ 페스트. 중앙아시아에서 확산된 것으로 여겨지는 전염병. 죽은 사람이 피부가 까맣게 변한다고 해서 흑사병이라 부를

이처럼
15세기 까지의 유럽은
다양한 문제를
안고 있었다.

백성들은
농지를 버리고
도시로 떠났다.

이제
시골에선
먹고 살기
힘들어.

그 결과
농업 사회에
기반한 제도인
'봉건제'는
붕괴 위기에
직면했고,

도시에서는
노동자들의
투쟁이 빈번히
발생했다.

임금을
인상
하라!

역시!
국제 상업
도시다워!

외국인
천지야!

타

악

미,
미안
하게
됐어!

괜찮
니?

저야 말로
죄송해요.
사람
구경에

정신이
팔려서
그만
...

당시는 전 유럽이
많은 위기에
봉착해 있던
시기였으나,

이탈리아의
피렌체
공화국만은
달랐다.

모직물 공업으로도 유명하고.

이곳은 금융업과 상업이 발달한 도시지.

피렌체는 정말 멋진 도시네요!

또, 예술품도 많이 만드니까요.

장인이 되고 싶어서 왔어요! 피렌체는 고대 학문과 예술 부흥에 적극적이고,

피렌체에는 무슨 일로 왔지?

자네는 어디서 왔나?

그렇구나~ 굉장하다.

14세기 초, 이탈리아에서는 고대 그리스·로마의 학문과 예술을 부흥시키려는 움직임이 활발했다.

키케로
로마 공화국의 변호사·정치가

플라톤
그리스의 철학가.
『소크라테스의 변론』을 저술

82

이와 같은 시대적 경향으로 인해

지금까지의 종교 중심 윤리관에서 벗어나자는 의견이 대두된다. 이를 '인문주의'라고 부르는데, 더 정확히 말하면 현세의 인간 그 자체를 중시하자는 의미에 가깝다.

이 새로운 사고방식을 기반으로 다양한 문화가 형성된다.

이 시기의 모든 문화적 경향을 통틀어 재생이라는 의미의 단어, '르네상스'라고 부른다.

이탈리아 르네상스의 선구자들

조반니 보카치오
근대 소설의 원형이 된 단편 소설집 『데카메론』을 집필

조토 디 본도네
깊이감 있는 공간 연출과 극적인 인간상의 묘사로 회화의 새 지평을 열었음. 서양 근대 미술의 선조로 여겨짐

단테 알리기에리
일상생활에서 사용하는 이탈리아어의 속어로 서사시 『신곡』을 집필해 후세에 큰 영향을 끼친 인물

잘됐군. 안내하지, 따라오게.

그래? 나도 그쪽으로 가는 길인데.

이래 봬도 베로키오 님의 미술 공방에 들어가게 됐다고요!

하핫!

장인 지망생이군. 화이팅 하시게.

〈비너스의 탄생〉을 그린
로 보티첼리'도
하나였다.

베로키오 공방에는
재능 있는 예술가들이
모여들었다.

여기가
바로
베로키오
님의
공방!

어마
어마
하구나!

15세기, 피렌체에서
가장 부유했던
'메디치'가문은
예술가의 작품활동을
후원하고는 했다.

〈비너스의 탄생〉
1485년경

마침
자네와
또래
더군.

짐 다
성리하면
저 친구 좀
도와줘!

아아,
신입이
왔군.

그리고

르네상스를
대표하는
또 한 명의 예술가,
'레오나르도
다 빈치' 역시
베로키오 공방
소속이었다.

내 이름은
레오나르도,
화가죠.

레오나르도 다 빈치
화가·조각가·건축가

새는 어떻게 날 수 있는 걸까?

1460년대에 베로키오의 공방에 들어간 다 빈치는

자연을 관찰하는 일에 관심이 많았고, 공학과 광학, 과학 기술에도 관심을 가졌다.

그 방법만 알면 사람도 날 수 있게 될까?

장인이라면 과거의 작품을 떠받들 게 아니라,

자연을 느끼고 경험하면서 영감을 얻어야 해.

자네는 참 엉뚱하단 말이지.

그, 그래?

하지만 난, 그래? 좀 더 다양한 일을 해보고 싶은걸.

자네 그림은 정말 훌륭해! 분명 화가로 이름을 떨칠 거야!

1470년대 후반, 다 빈치는 베로키오의 아틀리에에서 독립해 자신만의 공방을 연다.

응?

루드비코는
밀라노의
통치자였다.

밀라노의
'루드비코
스포르차'
공작이

우수한
인재를
찾고 있다고
들었네.

**루드비코
스포르차**
밀라노 공작

분명
내 아이디어에
흥미가
생길 거야.

이동식 다리,
포격에도
끄떡없는 군함,
장갑차.

다 빈치는 스포르차 공작에게
자신이 군사와 토목에 관해
지식이 풍부하다는 내용의
편지를 보낸다.

다 빈치는
이렇게
스포르차의
후원을
받게 된다.

이 친구,
완전히
'만능인'
이군.

레오
나르도
다 빈치,
라.

다 빈치는 스포르차가
예술가보다는
부국강병에 도움을 줄 수 있는
군사 인재를
원한다고 생각한 것이다.

르네상스 시대의
이상적인 인재는
폭 넓은 분야에서
재능을 발휘하는
'만능인'이었다.

그리고 다 빈치는 말 그대로
시대를 대표하는
'만능인'으로서
다방면에서 활약했다.

나아가 음악가 · 발명가 ·
건축가로서도 활약했으며,

화가 · 조각가 ·
군사 기사 · 토목 기사,

여기에 그치지 않고
해부학 연구까지 진행했다.

이 작품은 지금도
이탈리아 미술사에
길이 남을 걸작으로
평가받고 있다.

1494년경,
벽화를 의뢰받아
1498년에 완성한
〈최후의 만찬〉은
세간의 극찬을 받았다.

나폴리
왕위
계승권은
내가
가져간다!

공격하라!

1494년

프랑스

나폴리 왕국

나폴리 왕가의 혈통이
섞였다는 이유로 프랑스
국왕이 쳐들어 온 것이다.

샤를 8세
프랑스 국왕

당시
이탈리아는
피렌체를
중심으로
문화를
꽃피웠던
시기였으나,

한편으로는
위기에
직면해 있었다.

프랑스는
물러가라!
물러가라!

프랑스의 침공에
신성 로마 제국, 교황,
스페인, 이탈리아의
도시국가들이
대항했다.

페르난도 2세
스페인 국왕

막시밀리안 1세
신성 로마 황제

알렉산데르 6세
교황

프랑스로
돌아간다!

결국,
샤를 8세의
이탈리아 원정은
실패로
끝났지만,

반도 끝에
있으니
독 안에 든
쥐 꼴이
아닌가?

나폴리를
손에
넣으면
뭐하나!

앞으로는 총과 대포의 시대라고!

또한, 이 시기에 총과 대포가 본격적으로 보급된다. 이로 인해 칼을 무기로 사용하던 기사 계급이 몰락하는 '군사 혁명'이 일어난다.

이후, 주변국들은 60년 이상을 이탈리아 내정에 간섭했고, 때로는 전쟁※을 벌이기도 했다.

※ 이탈리아 전쟁. 1495년부터 1559년까지 8차례에 걸쳐 벌어짐. 프랑스·신성 로마 제국·스페인 등이 이탈리아의 영유권을 두고 벌인 대규모 장기전

메디치 가문은 물러가라!

와아아

와아아

1494년 피렌체

메디치 저택

또한, 이탈리아 전쟁은 피렌체에도 막대한 영향을 끼쳤다.

피렌체 시민들은 메디치 가문을 끌어내고, 시민의 대표자가 통치하는 공화정으로 지배 체제를 원복한다.

메디치 가문은 피렌체를 떠나라!

메디치 가문, 겁쟁이 들아!

지금 교황은 사리사욕에 눈이멀었다!

또한, 교황을 비판하기도 했다.

내 작품 다탔어....

너무 해!

하지만 사보나롤라의 지나친 억압에 못이긴 민중은 점차 그에게서 등을 돌린다.

1498년, 이단으로 몰린 사보나롤라는 결국 피렌체 시민과 교회의 손에 화형당하고 만다.

사보나롤라를 파문하고 그의 설교 활동을 금지한다!

결국, 그는 당시 교황이었던 알렉산데르 6세에게 파문※을 당한다.

※ 신도의 자격을 잃고 교회로부터 추방당하는 일

음? 이 지도는?

1502년. 이탈리아 북부 도시 이몰라

이탈리아 각지를 돌아다니며 작품 활동에 매진하고 있었다.

한편, 이탈리아 전쟁을 피해 밀라노를 떠났던 다 빈치는

다 빈치는 1502년부터 '체사레 보르자' 밑에서 군사, 토목 기사로 일했다.

하늘을 나는 새의 눈으로 바라본 지도인가.

재미 있군.

제 밑에서 일하는 다 빈치라는 자가 만들었습니다.

체사레 보르자
로마냐 공작

니콜로 마키아벨리
피렌체 정부 서기관

IL PRINCIPE
DI NICOLO MACHIAVELLI
AL MAGNIFICO LORENZO

DI CASTRVCCIO CASTRACANI

IL DVCA VALENTINO

ILLE COSE DELLA FRANCIA

그가 이 저서를 통해 주장한 '목적을 위해서는 수단을 가리지 않는다', '국가의 이익이 되는 일이라면 반도덕적인 행동이라도 정당화할 수 있다'와 같은 사상을 가리켜 '마키아벨리즘'이라고 부른다.

마키아벨리는 피렌체 정부에서 일했던 경험을 토대로 훗날 「군주론」을 집필한다.

그중 한 명은 당시 피렌체에 머물고 있던 '라파엘로'인데,

그는 다 빈치의 영향을 많이 받은 것으로 알려져 있다.

라파엘로
화가

1503년경, 다 빈치는 피렌체로 돌아온다.

한편, 이 시기에 다 빈치와 어깨를 나란히 하는 르네상스 대표 예술가가 두 명 더 있었다.

또한, 다 빈치보다 23살이나 어린 '미켈란젤로'는 조각상 〈다비드〉로 유명세를 떨쳤다.

미켈란젤로
화가·조각가·건축가

이듬해에는 미켈란젤로가 궁전으로부터 반대편 벽에 〈카시나 전투〉를 그려 달라고 의뢰받는다.

1503년, 다 빈치는 베키오 궁전 내에 있는 '500인의 방'에 〈앙기아리 전투〉를 그려 달라는 의뢰를 받았다.

사람들은 두 거장이 경쟁을 벌일 것으로 기대했다.

이 무렵,
르네상스의 거점지는
피렌체에서 로마로
옮겨가고 있었다.

밀라노

피렌체

로마

그러나 1505년,
미켈란젤로는
당시 교황이었던
율리오 2세의 의뢰를
완수하기 위해
로마로 떠났고,

다 빈치는
까다로운
회화 기법을
사용한 탓에
작품이
녹아내리고 만다.

두 사람
모두
작품을
완성하지
못한
것이다.

건물의
개축과
도시 정비를
진행하고
있었다.

로마를
교황의 도시라는
이름에 걸맞게
만들고자

이 시대의
교황들은

성 베드로 대성당 개축

바티칸 궁전 개축

또한, 유명한 예술가들을 로마로 불러 후세에 길이 남을 미술 작품을 그리게 했다.

〈천장화〉 1512년
바티칸 궁전 시스티나 성당
미켈란젤로 작품

〈아테네 학당〉 1510년
바티칸 궁전 서명의 방
라파엘로 작품

〈최후의 심판〉 1541년
바티칸 궁전 시스티나 성당
미켈란젤로 작품

전부 이탈리아에서 들여온 그림들일세.

1516년, 다 빈치는 프랑수아 1세의 초대를 받고 프랑스로 건너간다.

프랑수아 1세
프랑스 국왕

95

1519년, 프랑스에서 숨을 거뒀다.

그 후, 다 빈치는 두 번 다시 이탈리아 땅을 밟지 않았고,

이탈리아 르네상스의 전성기는 이렇게 막을 내린다.

다 빈치가 죽은 뒤

로마에서 이탈리아 전쟁이 일어났고, 도시가 쑥대밭으로 변한다.

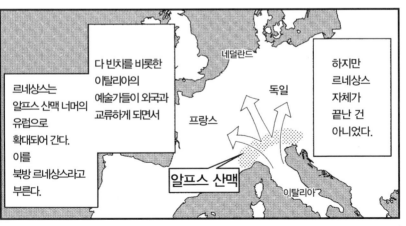

르네상스는 알프스 산맥 너머의 유럽으로 확대되어 간다. 이를 북방 르네상스라고 부른다.

다 빈치를 비롯한 이탈리아의 예술가들이 외국과 교류하게 되면서

하지만 르네상스 자체가 끝난 건 아니었다.

네덜란드

독일

프랑스

알프스 산맥

이탈리아

〈농민의 결혼식〉

피터르 브뤼헐 더 아우더
네덜란드 화가. 농민의 생활을 사실적으로 표현한 것이 특징

북방 르네상스를 대표하는 인물로는

브뤼헐, 뒤러 등이 있다.

알브레히트 뒤러
독일의 화가로, 많은 종교화를 남김

〈네 명의 사도〉

『로미오와 줄리엣』
셰익스피어 희곡

또한, 14세기에서 16세기 사이에 꽃피운 문학 운동을 '르네상스 문학'이라고 부른다.

『돈키호테』
세르반테스 소설. 소설을 문학 장르로 확립시킨 작품

『가르강튀아와 팡타그뤼엘』
라블레 소설

이는 훗날,
이성과
합리적인 사유를
중시하는
'계몽주의'로
이어진다.

사람 그 자체에
관심을 가지고
존중하는
'인문주의'는
르네상스 시대에
크게 발전했고,

이렇듯 예술 분야에서
'르네상스'가 한창
꽃을 피우던 이때,

종교와 관련한
유럽 사람들의 생각이
크게 바뀌고 있었다.

성서는 신앙의 근본이다.

14세기

가톨릭교회의 체제와 행동을 개선하기 위한 반체제 종교 운동은 예전부터 존재해왔다.

존 위클리프
잉글랜드의 신학자

교황의 권위를 부정하고, 신앙의 근본은 성경이라고 주장했으며 라틴으로 된 성경을 영어로 번역하기도 함

15세기

돈만 내면 죄를 용서받을 수 있다고? 말도 안 되는 소리!

가톨릭교회의 부패와 권위주의를 비판함

얀 후스
베멘*의 신학자

※체코 서부 지역

후스의 유지를 따르자!

공감하는 사람들이 많아지면서 베멘에서는 '후스파'가 형성된다.

성경 기반의 신앙을 추구했던 후스의 사상에

후스는 결국 처형 당했지만,

화

ㅋ

륵

그러나 이와 같은 배경에도 불구하고, 16세기 가톨릭교회에는 개혁을 요구하는 목소리가 높아졌다.

이단자는 되기 싫어…

이단자는 처형하라!!

그들을 탄압하는 방식으로 가톨릭의 일체성을 유지해 왔다.

그러나 가톨릭교회는 이와 같은 종교 운동을 이단이라 규정했고,

1511년, 에라스뮈스는 교회와 성직자를 풍자한 『우신 예찬』을 발표한다.

데시데리위스 에라스뮈스
네덜란드의 인문주의자

세상이 정말 요지경 이로구나.

교회는 형식에만 얽매어 있고, 성직자는 모두 위선자군.

이는, 15세기 중반에 금속 활판 인쇄술이 실용화되어 가능한 일이었다.

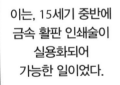

이 성서는 유럽 사람들의 큰 관심을 끈다.

또한, 에라스뮈스는 1516년에 그리스어 원본과 라틴어 번역을 함께 기재한 『그리스어판 신약성서』를 출간한다.

대량 인쇄가
가능해졌다.

하지만 독일의
구텐베르크가 고안한
금속활자와 프레스식
인쇄기의 등장으로

그때까지 유럽에서는
목판 인쇄술이나
필사 방식※으로만
책을 생산해 왔다.

요하네스 구텐베르크

※ 손으로 옮겨 적는 방식

인쇄기 구조

a b c

g p c

이
사이에
두고
누른다.

구텐베르크의
프레스식 인쇄기

활자를 배열한 판에
잉크를 묻힌 뒤,
종이에 눌러 인쇄함

금속활자는 목활자보다
단단하고
잘 망가지지 않음

이처럼 새로 등장한
인쇄 방법은
많은 사람이
인쇄물을 쉽게 접할 수
있게 했고,
또한 그 후의
종교 운동에도
영향을 미쳤다.

속죄하지 않으면 죄를 지은 기간만큼 '연옥'에서 정화해야 한다고 가르친다!

가톨릭교회에서는 죄를 고백하고 회개하면 천국에 갈 수 있으며,

이러한 흐름 속에서 이후 종교개혁을 이끄는 독일의 '마르틴 루터'가 등장한다.

마르틴 루터
신학 교수

1517년
비텐
베르크
대학교

※ 가톨릭에서 말하는 천국에 들어가기에 앞서 정화를 거치기 위해 가는 곳

그리고 이번에는 대성당 개축에 필요한 비용을 마련하기 위해 현금만 내면 면벌부를 살 수 있다고 한다!

즉, 믿음이 돈에 팔리고 있는 것이다!

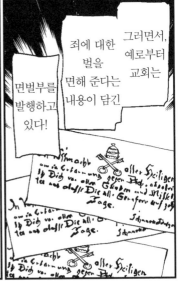

그러면서, 예로부터 교회는

죄에 대한 벌을 면해 준다는 내용이 담긴

면벌부를 발행하고 있다!

'95개조 반박문'을 붙였다.

루터는 비텐베르크 성 안에 있는 교회 벽에

1517년 10월 31일

학자들이여, 토론의 장이 열렸도다.

주님께서 '회개하라'고 말씀하신 것은, 우리가 평생에 걸쳐 회개하며 살아가기를 바라셨기 때문!

이 논제는 독일어로 작성되었기 때문에 시민들도 쉽게 읽을 수 있었다.

당시의 대학강의, 출판, 토론 분야에서는 주로 라틴어를 사용했지만

이 반박문은 금속 활판 인쇄술을 이용해 책과 전단으로 인쇄되어 독일은 물론, 해외로도 퍼져 나갔다.

'95개조 반박문'은
가톨릭교회가 나아가야 할
방향에 대해
사람들이 다시 한번
생각하게 만드는
전환점이 되었다.

루터의 주장은
글을 모르는
사람들까지도
알게 되었다.

더 나아가
이에 공감한
성직자가
설교 시간에
반박문을
언급하면서

애초에 후스를
이단으로 규정한 것이
옳은 판단이었다고
확신할 수 있습니까!

루터,
자네의 이야기가
이단자 후스의
주장과
무엇이 다른가!

1519년,
라이프치히 논쟁에서
마르틴 루터와
가톨릭 신학자가
신학 토론을 벌였다.

루터는
가톨릭교회와
영영 결별할
결심을
하게 된다.

원래,
루터의 목적은
가톨릭교회의
개혁이었다.
그러나 라이프치히
논쟁 이후,

같은 해, 루터는 신성 로마 황제인 카를 5세에게 소환당한다.

보름스 의회

카를 5세는 합스부르크가 출신으로, 1519년에 신성 로마 제국 황제로 즉위해 독일을 다스렸다.
또한, 동시에 스페인 국왕이기도 했던 그는 스페인, 나폴리, 오스트리아, 아메리카 대륙의 식민지 등 광대한 영토를 지배했다.

카를 5세
신성 로마 황제

카롤루스 대제* 이후, 가톨릭 제국의 꿈을 이뤄낼 사람은 누구? 바로 나!

동시에 여러 나라를 다스렸던 카를 5세는 유럽을 정치적으로 통일시키고자 했고 단일 가톨릭 제국으로의 재건을 꿈꿨다.

※ 8세기~9세기의 프랑크 국왕이자 서로마 황제. 현재 서유럽 중심부 대부분을 지배해 대제국을 이룸

얼마든지 철회해 드리겠습니다.

성경, 혹은 그에 상응하는 명백한 이유와 근거로 저를 설득하신다면

루터, 그대의 주장을 철회할 생각은 없나?

결국, 루터는 신념을 굽히지 않았고, 황제는 보름스 칙령을 공포해 그를 제국에서 추방했다.

이 종교개혁으로 인해 철옹성 같던 가톨릭의 신앙 세계에 균열이 가기 시작한다.

이러한 루터의 행동은 결국, '종교개혁'의 불씨가 된다.

여기라면 안전할 겁니다.

이쪽으로.

바르트부르크 성

성서야말로, 평소 우리가 사용하는 독일어로 읽을 수 있어야해!

그동안 신약성서를 독일어[2]로 번역했다.

루터는 독일 작센 선제후[1]인 프리드리히 3세의 도움으로 몸을 숨길 수 있었고

※1 신성 로마 제국에서 황제 선출의 선거권을 가진 일곱 명의 제후

※2 이때, 루터가 번역한 성서가 현대 독일어의 기초가 되었다고도 함

토마스 뮌처
종교개혁가

우리가 영주 밑에서 세금 내고 노동을 제공해야 한다는 내용은 성서 그 어떤 부분에도 나와있지 않다!

미사를 방해하거나 제단과 성화상을 파괴하는 등의 과격파 지지자들도 생겨났다.

그러나 루터를 따르는 사람이 많아 지면서

퍽

루터에게 영향을 받은 종교개혁가, 토마스 뮌처는 급진적인 사회 개혁을 이루기 위해

1524년에 농민 봉기를 일으켰는데, 이 사건이 바로 '독일 농민전쟁'이다.

소작료를 낮춰라!

신앙이라는 이름으로 평화와 질서를 위협하다니… 용서받지 못할 일을 하고 있군.

민란이 일어났다고?

소란을 진압해야 해.

안돼!

루터는 농민들이 눈앞의 이익만을 좇는다고 여겨 농민전쟁에 반대했다. 제후들 역시 이 반란을 탄압하고 나섰다.

나라도 가톨릭교회의 편에 서야겠다.

가톨릭교회에 문제가 있기는 해도, 교회가 분열되는 건 원치 않아….

루터파는 너무 급진적이군.

농민들이 전쟁을 일으키다니.

한편, 종교개혁의 선구자였던 에라스뮈스는

루터파의 급진적인 종교개혁과는 거리를 두었다.

미사 폐지!

수도원 폐쇄!

성경과 전례※에도 라틴어가 아닌 독일어를 사용하자!

그러나, 종교개혁을 원하는 건 루터파뿐만이 아니었다.

'츠빙글리'는 에라스뮈스에게 영향을 받아 1523년부터 스위스 취리히에서 도시참사회와 함께 교회 개혁에 나섰다.

취리히

※ 교회가 하느님께 드리는 공적 예배. 교회가 성경이나 성전에 의거해 공인한 의식

울리히 츠빙글리
스위스의 종교개혁가

교회와 수도원의 재산을 몰수하라!

또한, 당시 독일은 교황이 발행하는 면벌부를 구매해 주는 등

'독일은 로마의 암소다'라는 말이 있을 정도로 재정을 착취 당하고 있었다.

때문에, 가톨릭교회에 불만이 많던 제후들이 모여 종교개혁을 지지했다.

루터를 지지하는 제후·도시

1520년대 오스만 제국령

빈

오스만 제국

종교개혁의 바람은 더욱 거세졌다.
그러나 신성 로마 황제, 카를 5세는
오스만 제국을 견제하느라
개혁 초반에 적극적으로 대처하지 못했다.

일단은 내버려두자….

루터파와 제후들까지 상대할 여력은 없어.

눈엣가시들…. 하지만 오스만 제국이 빈의 코앞까지 닥친 지금,

1526년

루터파 금지!

오스만 제국과의 대외관계가 호전되면서 카를 5세는 루터파를 탄압하기 시작한다.

그러나 1529년,

뭐라?

단호하게 항의한다!

카를 5세의 탄압에 루터파 제후와 제국도시들이 반발했다.

이후, 루터파처럼 가톨릭과 사상이 다른 사람을 프로테스탄트(protestant)라고 불렀다. 이는 '항의자'라는 의미를 가진 단어다.

어떻게든 종교 문제를 해결해야 해.

종교 간 대립을 매듭짓기 위해 아우크스부르크 제국 회의를 개최한 것이다.

종교개혁이 진정될 기미를 보이지 않자 1530년, 카를5세는 결단을 내린다.

프로테스탄트는 가톨릭의 교리에 따르라.

그래도 가톨릭이 아닌 종교는 인정할 수 없다.

그러나, 결국

종교에 관해 의견을 가진 제국 도시 대표들과 츠빙글리 역시도 앞으로 나가 신앙고백※을 했다

이 회의에서 루터파는 자신들의 생각하는 올바른 신앙에 대해 발표했다.

※예수 그리스도에 대한 자신의 신앙을 명확하게 표현하는 일

다같이 황제에 저항하세!

공식적으로 황제에게 반기를 든 것이다.

또 우리를 쫓아낼 셈인가?

이듬해, 1531년. 위기감을 느낀 루터파의 제후와 제국 도시들은 '슈말칼덴 동맹'을 결성한다.

내놔!!

돌려줘!

동맹을 맺은 제후들은 자신의 영토 내에 있는 교회의 재산을 몰수하는 등, 반 가톨릭 정책을 펼쳤다.

그러나 전쟁이 일어나기 직전 루터가 사망한다.

이젠 힘으로 제압 하겠어!

더 이상은 안 봐준다!

마침내 1546년, 슈말칼덴 전쟁이 발발한다. 황제와 슈말칼덴 동맹 사이에서 일어난 종교 내전이었다.

제후들에게 종교의 자유를 허하노라.

페르디난트 1세
카를 5세의 동생

이후, 1555년에 카를 5세의 동생인 페르디난트 1세가 루터파와 '아우크스부르크 화의'를 맺는다. 이것으로 종교 내전이 잠정적으로 종식된다.

나는 가톨릭 신자요.

난 루터파.

나도 루터파 라네.

제후들은 종교의 자유를 보장받게 되었으며, 이로써 가톨릭 세계는 분열된다.

또한 루터파와는 달리 츠빙글리파는 공식적인 종교로 인정받지 못해, 갈등의 불씨는 여전히 남아 있었다.

우린 루터파라고…

같은 곳에 산다고 종교까지 같은 건 아니라고.

우리 영주님은 가톨릭을 믿으시겠데…

이 화의에서는 종교 선택권을 영주에게만 부여했기 때문에 영주민 개개인에게는 여전히 신앙의 자유가 없었다.

비슷한 시기, 옆나라 프랑스에서도 새로운 종교 운동이 시작되고 있었다.

프랑스

신성 로마 제국※1

이처럼 종교개혁 운동은 독일을 중심으로 확산되었는데

※1 오늘날의 독일에 해당하는 지역을 중심으로 한 나라

당시 프랑스에는 프로테스탄트에 공감하는 사람이 많았지만,

프랑수와 1세는 개혁파를 탄압하지 않았다.

우리 나라에도 프로테스탄트가 늘어나고 있다지?

프랑수아 1세
프랑스 국왕

프랑스인 목사 '앙투안 마르꾸르'가 가톨릭 교의 비판 문서를 작성해

음?

그러던 1534년

가톨릭 미사가… 어리석은 의식 이라고?

파리를 비롯한 프랑스 전역에 배포한 사건이 일어났다.

이게 뭐지?

116

이 때를 기점으로 프랑스에서도 프로테스탄트에 대한 혹독한 탄압이 이어진다.

이것을 '벽보[※2] 사건'이라 부르는데

문제는, 밤중에 붙인 이 문서가 국왕의 침실 앞에도 붙어있었다는 것이다. 프랑수아 1세는 크게 분노한다.

어서 이쪽으로!

프로테스탄트 짓인가!

※2 자기 생각과 주장을 적어 벽에 붙임으로써 사람들의 행동을 촉구하는 글

음....

외국으로 피해야 합니다!

개혁파에 대한 박해가 심해지고 있습니다.

인문주의를 통해 개신교 사상에 눈을 뜬 칼뱅은 스위스로 망명하고,

종교 개혁가로서 이름을 알리게 된다.

장 칼뱅
프랑스의 인문주의자

스위스 바젤로 몸을 피해 1536년, 『기독교 강요』를 비롯한 여러 권의 저서를 집필한다.

성경이 신앙의 유일한 규범이라고 말했던 칼뱅은

바젤

프랑스

제네바

그러니 성실한 노동만이 구원으로 가는 길이라는 것을 명심하게!

그러나, 하나님이 부여해 주신 직업을 성실히 수행하지 않는 자는 구원이 예정되어 있을 리 만무하지.

무력한 인간은 이를 가늠할 길이 없도다.

전능하신 하나님께선 구원받을 자를 미리 정해 놓으셨네.

칼뱅의 교리는 노동을 통해서 성공할 수 있다는 내용을 담고 있었다. 이 때문에 칼뱅의 주장은 도시의 상공업자들 사이에서 빠르게 퍼져 나갔다.

초반에는 반대파도 많았던 탓에 잠시 추방된 적도 있었지만,

칼뱅은 스위스 제네바에서 오래도록 종교개혁의 지도자로 활동했다.

성경의 가르침에 따라 엄격한 교회 규칙을 마련하고, 공공 질서를 형성

장로로 뽑혔습니다.

잘 부탁합니다.

신자 중에서 목사를 보좌할 장로를 선출하는 제도, '장로제'를 도입

교육을 중요하게 여겼으며, 제네바 대학교의 전신인 '제네바 아카데미'를 1559년에 설립함

신도들이 박해를 피해 독일과 잉글랜드로 넘어가는 과정에서 칼뱅의 가르침은 이들 지역으로도 퍼져나갔다.

제네바

16세기 후반에 접어들자 이들에게 저항하기 위해

가톨릭은 프로테스탄트의 존재를 인정하기는 했으나,

내부적으로 개혁을 논의한다.

종교개혁으로 인한 혼란을 진정시키는 것이 목적이었다.

종교 대립을 해결해야 합니다!

1545년, 교황 바오로 3세는 카를 5세의 요청으로 '트리엔트 공의회'를 개최한다.

바오로 3세
교황

프로테스탄트가 없는 공의회의 주요 의제는 자연스럽게 가톨릭교회의 개혁으로 바뀌게 된다.

가톨릭 교의를 다시 한 번 명확하게 정리할 필요가 있습니다!

교회도 개혁을 해 성직자의 수준을 높여야 합니다!

처음에는 프로테스탄트에게도 공의회의 개최를 알렸으나, 대부분 참석하지 않았다.

트리엔트 공의회는 20여 년에 걸쳐 총 세 번 개최되었다.

또한,
예수회가
반종교
개혁에서
절대적인
영향력을
행사하게
된다.

가톨릭교회는
트리엔트 공의회를 기점으로,
신앙과 도덕적 쇄신을 꾀하는
'반종교개혁'을 시작한다.

1543년,
'이냐시오 데 로욜라'는
파리 대학의
학우 여섯 명과
종교 활동을 조직하는데,
이것이 예수회의
기원이다.

이냐시오 데 로욜라
스페인 귀족 출신의 군인

약자들을
돕는
활동을
합세.

청빈·순결,
성지 순례*를
맹세하고

※성지 순례는 이뤄지지 않았기 때문에, 설교 활동으로 대신함.

포교활동이 쉬워지도록 예수회를 수도회로 만들면 되겠군.

그래.

가난한 이들에게 옷과 음식을 나눠주고 고아와 병자를 보살피는 사이, 이들과 뜻을 함께하는 사람도 많이 늘어났다.

예수교는 교황에 순종할 것을 맹세하고, 새로운 수도회로서 인가받게 된다.

바오로 3세
교황

이로써 1540년에

예수교는 창설 당시부터 포교와 교육 활동에 힘을 쏟았다.

예수교의 열정적인 활동으로 인해 중부 유럽과 동유럽에서도 가톨릭 세력이 부활한다.

122

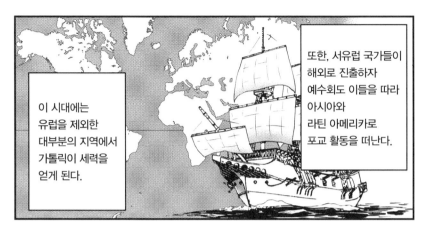

이 시대에는 유럽을 제외한 대부분의 지역에서 가톨릭이 세력을 얻게 된다.

또한, 서유럽 국가들이 해외로 진출하자 예수회도 이들을 따라 아시아와 라틴 아메리카로 포교 활동을 떠난다.

1549년, 일본에 가톨릭을 전파한 사람 역시

예수회의 창립 멤버였던 '프란치스코 하비에르'였다.

가톨릭교회가 주체적인 개혁을 이루기 위해 시행한 '반종교개혁'은

일정한 성과를 거두는데 성공한다.

개혁은 예술·종교 분야에만 그치지 않았다.

15세기~16세기에는 중세의 신학적 세계관으로부터 탈피하고자 하는 움직임의 일환으로, 과학과 기술의 발전·발견이 잇따랐다.

교회의 주장은 사실 일까?

지구가 우주의 중심※이라는

※ 천동설

아니… 아니야.

니콜라우스 코페르니쿠스
폴란드의 가톨릭 사제

새로운 믿음의 방향성을 모색하고자 했던 종교개혁은

그리스도교를 가톨릭과 프로테스탄트로 분열시켰고

가톨릭의 내부 개혁 또한 불러일으켰다.

1530년

지구는 태양을 중심으로 돌고 있어!

교회법, 의학, 그리스어를 배웠고, 천문학에 깊은 관심을 보였던 코페르니쿠스가

지동설을 주장했다.

코페르니쿠스는 출판에 소극적 이었지만,

루터파 목사의 주도 하에

그렇다면 서문에 넣는 건 어떻 습니까?

'이는 과학적인 가설에 지나지 않는다' 는 전제를

책으로 출판하는 건 반댈세. 학자들이 반발할지도 모르고.

1543년

『천구의 회전에 관하여』가 뉘른베르크에서 출판되었다.

NICOLAI CO

이 책은 케플러, 갈릴레오와 같은 17세기 천문학자들이 주도한 과학 발전의 토대가 되었다.

또한,
14세기~16세기 사이에 중국에서 들어온 화약, 나침반, 활자가 유럽에서 널리 사용된다.

요하네스 케플러

독일의 천문학자로, 행성의 운동에 관한 법칙인 '케플러의 법칙'을 발견

갈릴레오 갈릴레이

이탈리아의 천문학자. 직접 만든 망원경으로 천체를 관측하고, 달 표면의 크레이터와 태양의 흑점 등을 발견. 지동설을 옹호함

나침반은 유럽인들이 바다 너머의 나라로 나아갈 수 있게 했다.

콰앙!

화약은 군사 혁명을 일으켰고,

※2세기경 그리스의 천문학자인 프톨레마이오스의 저서에 실린 세계지도

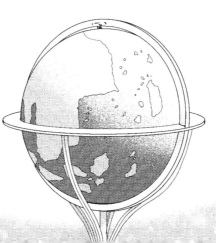

128

저기! 보인다!

1497년

'바스쿠
다 가마'가
이끄는
포르투갈 함대.

바스쿠 다 가마
포르투갈 함대 사령관

9년
전이었나.

'바르톨로뮤
디아스' 님께서
희망봉을
넘지 못하고
바로 앞에서
돌아오셨잖아.

포르투갈

인도

일본

희망봉

희망봉이다!
아프리카의
끝까지
왔다고!

희망봉 너머
어딘가에
분명
인도가 있다.

15세기 이후, 서유럽인은
새로운 항로를 개척하고자
망망대해로 나아갔다.

이를 대항해시대라 부른다.

131

1세기 중반에는 이미 중국의 생사와 비단이 인도의 항구를 거쳐 서쪽에 전해졌다.

그 너비가 1만 km에 달하는 광활한 인도양은 예로부터 해상 무역이 발달했다.

인도양

항구에는 거류지[2]도 있다, 이 말씀!

중국

인도

인도양

이슬람 상인

그 후, 8세기 무렵 해상 무역에 뛰어든 아랍과 이란의 '이슬람 상인'[1]은 중국 연안의 항구까지 진출했다.

※2 조약, 관례에 따라 한 나라가 그 영토의 일부를 한정해 외국인의 거주와 영업을 허가한 지역

※1 상업에 종사하는 이슬람교 신도

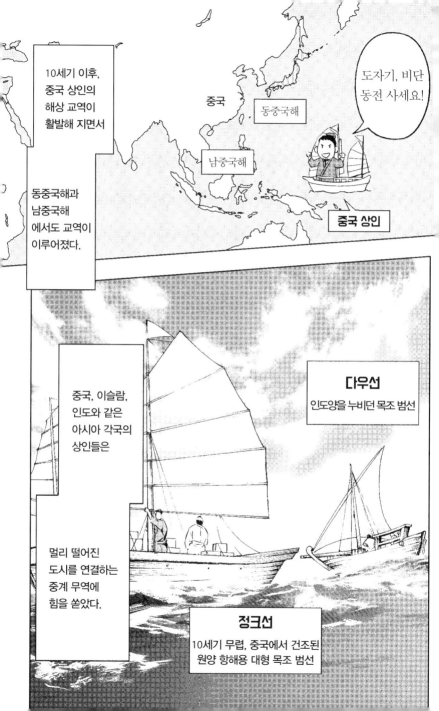

10세기 이후, 중국 상인의 해상 교역이 활발해 지면서

동중국해과 남중국해에서도 교역이 이루어졌다.

중국

동중국해

남중국해

도자기, 비단 동전 사세요!

중국 상인

중국, 이슬람, 인도와 같은 아시아 각국의 상인들은

멀리 떨어진 도시를 연결하는 중계 무역에 힘을 쏟았다.

다우선
인도양을 누비던 목조 범선

정크선
10세기 무렵, 중국에서 건조된 원양 항해용 대형 목조 범선

인도 상인

중국 상인

다양한 상품을
사고 팔았다.

종교가 달라도
서로 싸우지 않고
협력했으며,

향신료

비단

배를 통해
서양으로 운반된
중국산 도자기가
큰 인기를
누렸기 때문이다.

오늘날에는,
16세기 이전 중국과 인도양 사이의
해상 실크로드를
'바닷길' 또는
'도자기의 길'이라 부른다.

포르투갈
왕실이
탐험대를
파견해
사업을
적극적으로
주도하겠다!

엔히크 드 아비스
'항해 왕자'라 불리는 포르투갈의 왕자

15세기가 되자
유럽인들은
교역의 기회가
풍부한
해역로를 노렸다.

134

단 한 대도 인도에
도착하지 못했다.

이렇게 수많은 함선이
출항했으나.

인도로 가는
항로를
찾아내라!

바스쿠
다 가마,
그대를
인도 함선의
사령관으로
임명하노라.

포르투갈 왕은
인도 항로를
개척하고자,
한 사람을
함선에 태운다.

1497년

마누엘 1세
포르투갈 국왕

예!

가마는
'인도 항로'를
찾아 떠난다.

1497년
11월,
그는
희망봉에
도착한다.

선장님,
이제 곧
희망봉을
지납니다!

그래.

당시,
아프리카 남부를 너머
동쪽으로 나아간
유럽인은 아무도
없었다.

희망봉 너머,
누구도
정복하지 못한
미지의
영역으로
간다!

절대
방심하지
마라!

※ 13세기 베네치아에서 중국까지의 여행 이야기를 담은 책. 우리에게는 『동방견문록』으로 알려져 있으나, 원 제목은 『백만 가지 이야기』임

그 옛날, 사제왕 요한이 다스렸다는 동방의 가톨릭 왕국은 그다음에 찾아도 늦지 않아.

그래.

우선 인도로 가서 향신료를 직접 손에 넣자.

이것이 우리의 사명이다.

그러나, 가마 일행의 항해는 그들의 예상보다 훨씬 힘들었다.

『동방견문록』으로 인해 생겨난 동방에 대한 호기심,

전설의 가톨릭 왕과 힘을 합쳐 이슬람 세력을 몰아내려는 종교적 열정,

비단이나 향신료와 같은 아시아산 상품의 직거래,

왕, 제후, 귀족, 상인, 모험가들은 이처럼 다양한 목적으로 항해에 나섰고 그렇게 '대항해시대'가 시작되었다.

저기!

여기요, 여기!

저 사람들에게 마을에 대해 물어보자.

여기서 물과 식량을 비축해야겠어!

아프리카 대륙의 동쪽 연안 마을.

뭐라!

가톨릭 신도가 있다고요?

여긴 무슬림과 가톨릭 신도가 반반씩 살고 있는 마을이랍니다.

크리슈나!

하느님의 아드님, 여기, 예수 그리스도.

어, 어,

알아?

엇!

142

가마 일행은 마을에서
새로운 도선사를 채용했고,
다시 인도 항로를 찾아
항해를 시작했다.

물과
신선한
식량을
비축했고,

새로운
도선사도
채용했으니
정말
다행입니다!

그렇
지.

코코넛
열매라고
합니다!

짚으로 만든 빨대

엄청
맛있다!!
이건
뭐지?

144

통역

이 열매는 영양이 풍부하니, 배에 잔뜩 실어두고 먹으면 긴 항해 중에도 병에 걸릴 일이 없지.

그뿐인가? 껍질에 붙은 '수염'도 활용할 수 있지!

또한, 그 껍질은 국자나 그릇으로 만들어 쓸 수 있네.

이렇게 수염을 꼬아 끈을 만들어서

항해에 관해 궁금한 게 있으면 뭐든 물어보시게나.

이래 봬도, 도선사로 일 한지 꽤 오래 되었네.

엣헴

짝 오ㅡ!!

짝 짝

판자를 묶어 연결하면 다우선을 만들 수 있다는 사실!

우와ㅡㅡ

그런 것까지 알고 있다니!

145

잘
들게.

15세기 말,
가톨릭 국가들은
이베리아 반도에서
이슬람 세력의 잔당들을
몰아내는 데 성공한다.

이베리아 반도

포르투갈

자네들
포르투갈
인은

통역

무슬림을
남쪽으로
몰아내는 데
혈안이
되어있는 것 같네.

도자기

향신료

비단

라틴어

아랍어

나침반

번역

또, 자신들이
가지고 있던
풍부한 학문적
지식까지도
모두
전해 주었다네.

하지만 사실
이슬람 상인은
이탈리아 상인과
결탁해
많은 물건을
팔았고,

십자군과의 전쟁 중에도 이교도들과 교류했고,

무역 활동을 멈추지 않았지.

그래. 우리가 갈 인도에도 이미 이슬람 상인들이 있을 터.

그렇다면 어떻게 해야 이익을 얻을 수 있을까.

이슬람 상인과의 싸움을 준비하고 있다면, 이 점을 미리 알아 두게나.

응! 저기 봐.

진짜? 마을이 보인다고?

웅성 웅성

그로부터 한 달 후인 1498년 5월

드디어 가마의 함선이 인도 캘리컷에 도착한 것이다.

좌아 아 악

드디어

인도에…

인도에 도착했어!

가마 일행은 캘리컷의 자모린[※]을 알현하러 갔다.

※캘리컷의 지도자

다양한 나라의 상인이 모여 있다는 말은 거짓이 아니었어!

우리도 나름 자모린을 만나러 간다고 차려입은 건데… 우리보다 훨씬 화려해.

저거, 금이랑 보석 맞지?

게다가 저것 좀 봐!

마을 사람들!

알현 하시기 전에 식사부터 하시지요.

서민들도 패물을 몸에 두르고 다니는 도시 라니….

진수성찬 일세!

꾱장하다

가마 님, 음식이 입에 맞지 않으십니까?

인도가 이 정도로 부유한 나라였단 말인가.

엄청 맛있어!

잘 먹겠습 니다.

그래, 무슨 일로 왔지?

그대들이 포르투갈에서 온 사자들이로군.

질겅 질겅

금은 보화?

아니면 따로 원하는 게 있는가?

캘리컷의 자모린

혁

그보다… 사제왕 요한에 대한 소문을 들었습니다.

그에 관한 이야기를 듣고자 찾아 왔습니다.

포, 포르투갈도 부유한 나라입니다.

그깟 보물은 우리 나라에도 얼마든지 있습니다!

153

그럭적

그럭적

뚝하…

필요
없다.

아니
…!

이 시기의 인도는
인도양의 교역으로 인해
크게 번성했던 시기였다.
그래서 캘리컷의 자모린은
가마가 가져온 선물에
크게 흥미를 보이지 않았다.

뭐,

그 대신
마을에
팔아도
된다고
하잖아.

가보
자고!

결국,
다시 가지고
와버렸지
뭐야.

경악과 굴욕을 맛본 가마 일행은
포르투갈로 돌아갔다.

말도
안돼!
제대로
계산한 거
맞아요?

에에!?

그러나,
가마 일행이
가져온 물건은
그들이 생각했던 것보다
훨씬 더 저렴한 가격에
팔려 나갔다.

여기서는
그나마
싸게 살 수
있어서
다행이야.

에휴

후추라도
사서
돌아가자.

할 수
없지.

가마 일행이
캘리컷에서
구입한 후추는
포르투갈에서
20배가
넘는 가격에
팔려나갔다.

성공
신화로
자리매김
했다.

유럽인들
에게

새로운 항로를
발견한 데다가,
결과적으로
막대한 이윤까지
남기게 된
가마 일행의 항해는

기존의 교역로

새로운 교역로

이처럼,
가마는
이 항해를
통해

여러 나라 상인들의
손을 거친 탓에
높은 관세가
부과되었던
기존 교역로가 아닌,

희망봉을
경유하는
새로운
교역로를
발굴해 냈다.

마누엘 1세
포르투갈 국왕

포르투갈 리스본

하지만, 카브랄이 캘리컷에 도착했다는 소식은 그대도 들었을 거요.

다시, 인도에 가야겠습니다!

한 번만 더 기회를 주십시오!

그대가 돌아온 뒤, 카브랄이 함대를 이끌고 1500년 3월에 리스본을 떠났소.

하지만, 현지에서 이슬람 상인과 다툼이 일어났고, 결국 캘리컷에서 무력 시위를 벌였다지?

그렇다고 들었습니다.

페드로 알바레스 카브랄
포르투갈인 항해사

카브랄의 함대에서만 54명이 죽었소.

부디, 제게 한 번 더 기회를 주십시오!

항해 자금은 제가 어떻게든 마련해 보겠습니다!

그래도 가야 합니다…!

지금 인도에 가는 건 자살행위나 마찬가지라오.

또, 카브랄의 함대가 캘리컷을 포격해 쑥대밭으로 만들었소. 캘리컷의 상인들이 모두 적으로 돌아서 버렸으니,

이렇게, 가마는 두 번째 항해를 허락받았다.

위험 할텐데…

어쩔 수 없지. 그렇다면, 그대를 인도 함대의 총사령관으로 임명하겠네.

가마는 첫 항해에서 벌어들인 이익과 포상금으로 큰 부자가 되어있었다.

기 죽지 마라.

이번에는 스무 척이나 이끌고 가지 않느냐.

찬아아아아

지난 번보다 더 위험하지 않겠습니까?

같은 해 2월

캘리컷
연안

카브랄을 공격한
무슬림들을
마을에서 추방하고,
포르투갈에 입힌
피해를 배상하시오!

캘리컷의
자모린
들으시오!

인도…
이번에는
힘으로 찍어
눌러주마.

그로 인해
34명의
무슬림이
처형되었고,
가마는 그들을
돛대에
매달았다.

자모린은
이 요구를
무시했다.
그러자 가마는
무슬림의
작은 배를
습격한다.

그러나, 포르투갈인은 평화적인 교역이 아니라, 힘으로 부를 빼앗는 길을 선택했고

그때까지 아시아의 상인들은 출신지나 종교가 달라도 사이좋게 무역을 해 왔다.

또한, 그 후에도 무력을 이용한 침략을 멈추지 않았다.

그들을 지키기 위해, 나의 함대 또한 일부는 이곳에 남겨둘 걸세.

네.

다음에 도착할 포르투갈의 무역선을 위해 자네들은 이곳에 남게.

리스본에서 그것들을 팔아 큰 부를 축적했다.

캘리컷 침략에 성공한 가마의 함대는 인도에서 약 1천 톤의 후추와 고급 향신료를 가지고 돌아왔고,

포르투갈 국왕은 인도에 총독을 파견해 그곳을 통치하게 했다.

그대를 인도의 초대 총독에 임명하노라. '프란시스쿠 드 알메이다'여.

1505년 리스본

그리고, 제2대 총독인 '아폰수 드 알부케르크'는 인도 서부 도시, '고아'에 총독부를 설치했다.

또한, 현지 선박에 '카르타스'라는 안전통행증을 판매해

해상 교역을 지배함과 동시에 이를 통해 이득을 챙겼다.

카르타스를 소지하지 않은 배

카르타스를 소지한 배

공격

보호

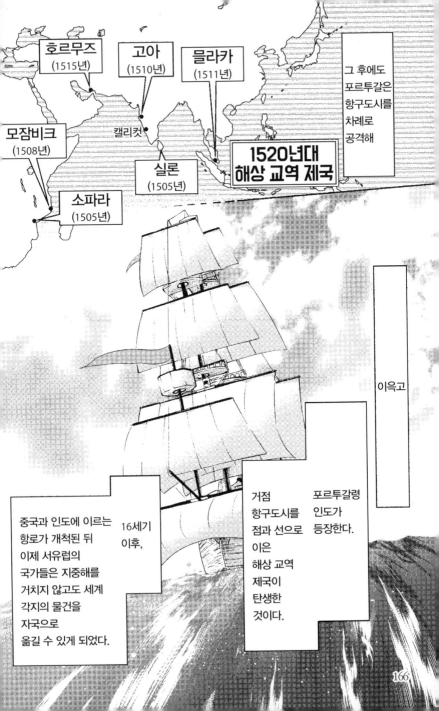

호르무즈
(1515년)

고아
(1510년)

믈라카
(1511년)

모잠비크
(1508년)

캘리컷

실론
(1505년)

소파라
(1505년)

**1520년대
해상 교역 제국**

그 후에도
포르투갈은
항구도시를
차례로
공격해

이윽고

중국과 인도에 이르는
항로가 개척된 뒤
이제 서유럽의
국가들은 지중해를
거치지 않고도 세계
각지의 물건을
자국으로
옮길 수 있게 되었다.

16세기
이후,

거점
항구도시를
점과 선으로
이은
해상 교역
제국이
탄생한
것이다.

포르투갈령
인도가
등장한다.

166

자유롭게 장사할 때가 좋았는데.

같이 가세.

나는 포르투갈인이 없는 곳으로 떠나겠네.

이 마을은 우리 포르투갈인 차지다!

이슬람 상인

포르투갈 상인

인도양 연안의 여러 도시에서 살아가던 상인·제후들과 포르투갈인 사이의 마찰은 더욱 심해졌다.

무역을 독점하려는 포르투갈의 움직임은 현지인의 반감을 샀다.

무슬림 항구도시로 번성한 이 섬들은 포르투갈이 점거한 항구도시와 경쟁하게 된다.

인도

믈라카

일본

수마트라 섬

자와 섬

포르투갈에 점령당한 믈라카 대신, 수마트라 섬과 자와 섬이 새로운 항구도시로 떠오른다.

또한, 동남 아시아는

고아나 믈라카에 정착하려는 사람들도 있었다.

포르투갈인 선원 중에는 현지인과 결혼해

한편

현지에 적응해 장사를 하며 생활하기도 했고,

어떤 선원들은

약탈 행위를 벌이기도 했다.

또 어떤 선원들은

동아시아로 건너가 왜구에 가담하며

이후 1543년,
일본 '다네가 섬'에
종자도총을
처음 소개한 사람도
현지에 체류하던
포르투갈인으로
추정된다.

생사

왜구는
약탈을
일삼았으며,
밀무역
분야에서도
활약했다.

이 시기의 왜구는
중국, 조선, 일본 등
국적과 상관없이
바다 전체를

생활의
터전으로
삼아
활동했다.

유황

종자도총
(조총)

포르투갈 왕실은
예수회 활동을 지원했고,
포교에 성공한 지역은
식민지로 삼았다.

포르투갈
왕실에
허가를 받아
'인도양
포교활동'을
시작했다.

가톨릭교회
예수교는
신자를
확보하기 위해

포교활동비가
부족하니…
장사라도 해서
충당하는 수밖에요.

어라,
사제님도
장사를 하시는
건가요?

예,
뭐…

그러나
왕실의 지원금은
포교활동을
지속하기엔 턱없이
부족한 금액이었기에,
수도사들은 스스로
활동비를
마련해야만 했다.

포교하고 싶다 **이해일치** 기도하고 싶다

장사를 해서
활동 자금을
마련해야 해

장사를
할 수만 있다면
누구라도 상관없어

포르투갈인들은
외국에 정착해
살아가면서도,
그리스도에 대한
믿음을
지켜나갔다.

그럼 저랑
동업
하실래요?

예수회는
이들과
신앙 및
상업 면에서
깊은 관계를
맺는다.

예수회 수도사

**외국에 정착한
포르투갈인**

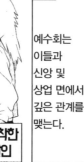

그럴까요?

예수◻

이렇게 해서 인도◻

기반을 마련햇◻

1549년,
스페인 출신의
선교사,
'프란치스코
하비에르'가
일본으로 건너가

일본 최초로
가톨릭을
전파했다.

마카오

1557년에는
명 황실로부터
마카오에 포르투갈인이
거주할 수 있도록
허가를 받는다.

현지에 정착한
포르투갈인
밀무역 업자와
해적을 토벌한 뒤,
이를 명분으로
명(明) 황실에
접근한다.

현◻
포르투◻
왕실 함◻
광주만◻

중국 내
가톨릭 포교의
발판을 마련한다.

이탈리아 출신의
예수회 선교사,
'마테오 리치'가
마카오로 건너가

1
5
8
2
년

이들과
포르투갈
본국 사이의
연결 고리는
점점 희미해진다.

이후,
현지에 정착해
살아가는
포르투갈인의
수가
늘어나면서

아이고

바쁘다,
바빠.

때마침
포르투갈
에서도

양쪽의 관계가
점점 약화되는 가운데,

멀리 떨어진
포르투갈령 인도는
등한시하게 된다.

니 바
까 쁘
!! 다

전하,
인도에서
올라온
보고
입니다.

스페인 국왕인
펠리페 2세가
포르투갈의
왕위를 계승하면서

지금 인도에
신경 쓸
때가
아니라고!

172

인도양의 무역을 독점한 포르투갈인의 눈을 피해

후추나 향신료를 이집트나 서아시아로 몰래 운반하는 방법이 생겨났다.

이로 인해 포르투갈의 이익은 점차 줄어든다.

또한, 포르투갈이 건설한 많은 요새와 거점의 유지비용도 부담으로 작용하면서

성공한 것처럼 보였던 포르투갈령 인도의 향신료 독점 판매는

점차 그 규모가 축소되었다.

바스쿠 다 가마가
개척한
인도 항로는

유럽 사람들에게
막대한 이익을 안겨줬다.

하지만
서로 다른 문화를 이해하며
공존과 경쟁의 교역을 이어온
인도양 연안의 사람들에게,

바스쿠 다 가마는
인도양 무역의
질서를 망가뜨린
파괴자에 불과했다.

가마의
등장을
계기로,

인도양
교역의 모습은
크게 변화한다.

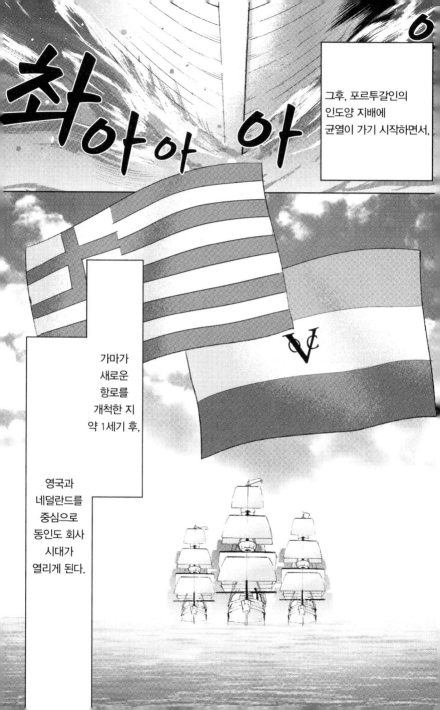

콰

아아 아

그후, 포르투갈인의
인도양 지배에
균열이 가기 시작하면서,

가마가
새로운
항로를
개척한 지
약 1세기 후,

영국과
네덜란드를
중심으로
동인도 회사
시대가
열리게 된다.

포르투갈이
아시아로
진출했던
대항해시대.

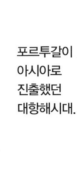

르난도 2세
아라곤 국왕

이사벨 1세
카스티야 국왕

**크리스토퍼
콜럼버스**
제노바 출신의 항해사

176

페르디난드
마젤란(마갈량이스※)
포르투갈 출신의 탐험가
※마젤란의 포르투갈어 표기

아메리고
베스푸치
피렌체 출신의 지리학자

이베리아반도,
포르투갈 옆에
자리 잡은
스페인 또한
넓은 바다로
진출하기 위해
기회를 엿보고 있었다.

바스코 뉘녜스 데
발보아
스페인 출신의 탐험가

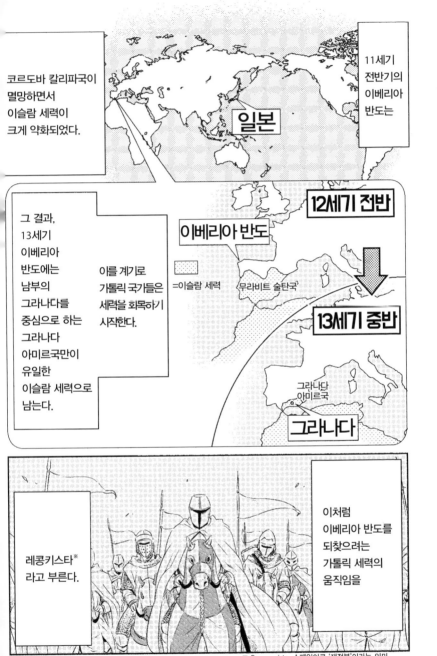

코르도바 칼리파국이 멸망하면서 이슬람 세력이 크게 약화되었다.

11세기 전반기의 이베리아 반도는

일본

12세기 전반

이베리아 반도

=이슬람 세력

무라비트 술탄국

13세기 중반

그 결과, 13세기 이베리아 반도에는 남부의 그라나다를 중심으로 하는 그라나다 아미르국만이 유일한 이슬람 세력으로 남는다.

이를 계기로 가톨릭 국가들은 세력을 회복하기 시작한다.

그라나다 아미르국

그라나다

레콩키스타※ 라고 부른다.

이처럼 이베리아 반도를 되찾으려는 가톨릭 세력의 움직임을

※ Reconquista. 스페인어로 '재정복'이라는 의미

178

카스티야 왕국

나바라 왕국

아라곤 연합왕국※

※ 바르셀로나 백국과
아라곤 왕국의 연합왕국

1469년

포르투갈 왕국

그라나다 아미르국

이베리아
반도에 있는
카스티야의 왕녀
이사벨과
아라곤의 왕자
페르난도가
결혼한다.

페르난도
아라곤의 왕자

이사벨
카스티야의 왕녀

179

오늘날의
스페인 영토는
이 공동 통치 시대에
거의 완성된다.

이로써,
두 나라는
실질적으로
합병된다.

1470년대,
이 두 사람은
각각
카스티야와
아라곤의
국왕으로
즉위한다.

1482년,
스페인은
그라나다 아미르국을
침공했다.

스페인이 하나 된
지금이야말로,
이베리아 반도를
주님께
돌려드릴 때입니다.

그로부터
10년 후,
그라나다가
함락된다.

1492년, 이베리아 반도의 마지막 이슬람 국가였던

그라나다 아미르국은 멸망하고 만다.

왕궁을 넘겨 드리리다.

무함마드 12세
그라나다 아미르국의 마지막 아미르

원래 이베리아 반도에서는 무슬림, 유대인, 크리스도교 신도가 함께 생활해 왔다.

그러나 그 영토를 스페인이 지배하게 되면서, 이교도에 대한 태도가 급속도로 경직된다.

이제야 우리 스페인이 가톨릭의 맹주라는 이름에 걸맞는 나라가 되었구려.

이것으로 이베리아 반도를 주님께 돌릴 수 있게 되었네요.

음...

이사벨과 페르난도는 스페인 전역에 엄격한 종교정책을 펼쳤고, 가톨릭을 믿지 않는 사람들은 가톨릭으로 개종하거나 아니면 국외로 추방당해야 했다.

무슬림과 유대교 신도들은 가톨릭으로 하나가 될 스페인에 방해만 될 뿐이에요.

하긴, 무슬림이든 유대교 신도든. 입으로만 개종한 사람도 많다지.

10년 후인 1502년에는 무슬림 또한 추방당했다!

그 해에 유대교 신도의 국외 추방령이 내려졌고,

색출 작업을 강화합시다.

이베리아 반도를 그리스도의 이름으로 되찾은 지금이야말로,

그리고,

꼬

옥

가톨릭을 세상에
더 널리 알려야 합니다!
그것이 바로
우리의 사명이니까요.

그러고
보니
…

몇 년 전,
콜럼버스라고
하는 자가
서회 항로 탐험을 위한
자금을 요청했었지.
기억나시오?

아.

기억나요.

고대 그리스의
문헌에도
실려 있습니다.

지구가
둥글다는
이야기는

얼마 전,
피렌체의
천문학자
'토스카넬리'
또한

지구 구체설을
주장했습니다!

크리스토퍼 콜럼버스
제노바 출신의 항해사

토스카넬리의 주장에 따르면
서쪽을 향해
직선 방향으로 항해했을 때
50일이면 인도에
도착할 수 있다고 합니다!

만일,
이 서회 항로를
개척할 수만
있다면…

이 무렵, 서유럽인들은
유라시아 대륙 동쪽 절반을
막연하게 '인도'라고 불렀다.

중개 상인에게 지불할 비용도 아낄 수 있고, 무역 일정 또한 줄일 수 있지요!

수수료

베네치아 상인

이슬람 상인

스페인

인도

인도와 직접 교역할 수 있게 됩니다.

우리 스페인은 베네치아 상인과 이슬람 상인에게 의존하지 않고

그라나다 아미르국과 전쟁 중이거든!

지금은 돈 없는데.

이 항로를 개척할 수 있게 자금을 지원해 주십시오!

전하, 부탁 드립니다!

뻘떡

네에?!

내게 주겠다고 약속했다.

왕실은 점령지에서 얻은 수익 중 10%를

지팡구의 황금이라면, 10%라고 해도 어마어마한 금액이 될 거다.

마르코 폴로는 『동방견문록』을 통해 인도 어딘가에 황금의 섬, 지팡구가 있다고 했지.

마르코 폴로

50일이면 도착 한다고 했는데

출항한 지 벌써 두 달 쨉니다.

아니, 인도는 스페인의 동쪽에 있는 나라가 아닙니까?

근데 왜 서쪽으로 가죠…? 동쪽으로 가야 하는 거 아닙니까?

콜럼버스는 쿠바 섬이나
에스파뇰라 섬 등으로 탐험에 나섰다.
그러나 금은 발견되지 않았고,
콜럼버스는 각 섬에 선원의 일부를
남겨둔 채 귀국한다.

후후...

조금만
얘기하면 금세
가톨릭 신자로
만들 수 있겠어!

에스파뇰라 섬

북아메리카 대륙

쿠바 섬

드디어
새로운
인도 항로를
개척
했습니다!

통역을
시키기 위해
인디오*
여섯 명을
데리고
왔습니다!

다시
3개월이
지나,

콜럼버스는
스페인
바르셀
로나로
돌아왔다.

콜럼버스는
자신이 발견한 곳이
인도라
믿어 의심치 않았다.

이들 또한,
세례를
받겠다고
합니다!

※ 인도인을 가리키는 말. 단,
콜럼버스가 북아메리카
원주민을 인도인으로
착각했으므로 여기서는
원주민을 지칭하고 있음

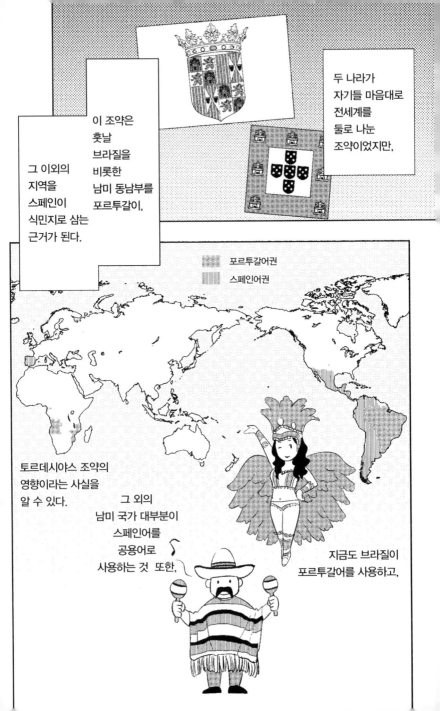

그 이외의
지역을
스페인이
식민지로 삼는
근거가 된다.

이 조약은
훗날
브라질을
비롯한
남미 동남부를
포르투갈이,

두 나라가
자기들 마음대로
전세계를
둘로 나눈
조약이었지만,

포르투갈어권
스페인어권

토르데시야스 조약의
영향이라는 사실을
알 수 있다.

그 외의
남미 국가 대부분이
스페인어를
공용어로
사용하는 것 또한,

지금도 브라질이
포르투갈어를 사용하고,

그 결과,

콜롬버스의 성공을 발판 삼아 스페인 항해사들은 서회 항로를 향해 출발한다.

아무리 생각해도 여기는 인도가 아닌데….

그렇다고 아시아인 것 같지도 않고.

완전 새로운 태륙이다.

콜럼버스가 발견한 건,

아메리고 베스푸치
피렌체 출신의 지리학자

아시아가 아닌,

훨씬 더 거대한 곳
….

유럽이 '아메리카'라 이름 붙인 신대륙은 긴 역사를 자랑하는 대륙이다.

신대륙 이다!

북아메리카

남아메리카

지금으로부터 1만 년 전에는 농경이 시작되었고,

이곳이 바로 오늘날의 아메리카 대륙이다.

신대륙은 세계 무역시장에 혜성처럼 등장했다.

옥수수

인류는
당시 육지로 이어져 있던
'베링 해협'을 건너
아메리카 대륙으로
이동했을 것이라 추측된다.

1만 5천 년 전부터
1만 4천 년 전 사이,
빙하기가 끝나갈 무렵.

베링 해협

고구마

강낭콩

고추

감자

아메리카
대륙에서만
생산되던
농작물은

훗날
전세계로
확산된다.

토마토

알파카

라마

땅콩

라마와
알파카와
같은 동물의
목축도
성행했다.

담배

카카오

기원전 2세기경, 멕시코 고원에 테우티우아칸 문명이 등장한다.

농경 문화의 발전은 고도로 발달한 도시 문명의 탄생으로 이어진다.

태양의 피라미드
테오티우아칸 문명

테오티우아칸

마야

4세기에서 9세기 사이에 최전성기를 맞는다.

오늘날의 멕시코 남부와 온두라스 지역에서 탄생한 마야 문명은

그러나, 여러 도시 국가로 이루어진 마야 문명은 16세기를 끝으로 사라지고 만다.

마야 문자라 불리는 상형문자와 거대한 피라미드, 정교한 달력은 마야 문명의 특징이다.

마야 문자

14세기 ~ 아즈텍 제국

15세기 ~ 잉카 제국

마야 문명을 뒤이어 아즈텍 제국과 잉카 제국의 문명이 번성했다.

잉카 제국

황제= 태양의 화신

두 나라 모두 신권 정치※를 행했음

아즈텍 제국

황제= 태양신의 사제

키푸
잉카 매듭문자

잉카 제국은 문자가 없었으며, 끈의 매듭과 색으로 기록을 하거나 계산했다.

두 나라 모두 고도로 발달된 문명을 가지고 있었고

마추 픽추
잉카 제국의 도시

테노치티틀란 신전

주변에 살던 민족을 정복해 광대한 제국을 건설했다.

아즈텍은 상형문자를 사용했음

잉카 제국은 고도의 석조 건축 기술을 가지고 있었음

아즈텍 문자

※ 신의 의사를 절대적인 판단 기준으로 삼아 이뤄지는 정치 체제

또한, 스페인 왕실은 신대륙 개척자들이 원주민의 노동력을 사용할 수 있게 하는 제도인 '엔코미엔다'※를 제정했다.

대신, 그들의 노동력을 마음껏 사용해도 좋소.

이사벨 1세
스페인 여왕

※ 원주민을 보호한다는 명분 하에, 식민지의 토지와 원주민에 대한 통치권을 자국 출신 식민 개척자에게 위임하는 제도

이 엔코미엔다를 통해 개척자들은 침략의 대의명분과 노동력을 동시에 획득할 수 있었다.

개척자가 가는 곳에 사제를 함께 파견해 개종이라는 명분 하에 침략·약탈을 정당화했다.

원주민의 수가 순식간에 급감하고 만다.

개척자들의 과도한 노동 착취와 서유럽에서 넘어 온 전염병으로 인해

그러나,

그 수는
매우 적었다.

원주민에
대한
박해와
약탈을
고발하는
사람도
있었지만,

개척자 중에는
성직자인
'바르톨로메 데
라스카사스'처럼

※ 아메리카 대륙의
원주민을 가리키는 단어.
원래는 인도, 중국,
일본을 포함한 아시아
지역 사람들을
의미하는 단어였음

『인디언※ 파괴에 대한
짧은 보고서』(1552년)

1506년
무렵
스페인에서
눈을
감는다.

한편,
유럽에서
아메리카로
가는 항로를
개척한
콜럼버스는

그는 마지막까지
자신이 발견한 곳을
인도라고
믿었다 전해진다.

콜럼버스는 개척지를
제대로 통치하지 못해,
제독의 자리에서
쫓겨난 상태였는데

파나마 지협

또한,
1513년
에는

스페인 출신의
탐험가,
'발보아'가

독일의
지리학자인
'발트제뮐러'가
아메리고
베스푸치의
이름을 따

1507년,
'신대륙'은

파나마 지협을
횡단하면서,

바스코 뉘녜스
데 발보아

대서양의
반대편에
또 다른
바다가
있었어!

세상에
……!

마르틴
발트제뮐러

역시,
아메리카는
대서양과
또 다른 바다
사이에 있는
대륙임이
틀림없어!

신대륙의
정체가
서서히
드러난다.

'아메리카'
라고
이름 붙였다.

대서양과는 달리 파도가 잠잠한 곳이군.

1519년에 스페인을 출발한 마젤란은

1520년에 남아메리카 대륙의 남단에 있는 해협을 지나게 되는데, 이곳이 바로 오늘날의 '마젤란 해협'이다.

이 바다를 태평양[※1]이라고 부르자!

※1 바람이 없고 파도가 잔잔해 붙여진 이름

페르디난드 마젤란
포르투갈 출신의 탐험가

스페인 국왕, 카를로스 1세에게 항해 자금을 지원 받은 마젤란 역시 서회 항로를 항해하며 향료 제도를 찾고 있었다.

태평양을 지나 서쪽으로 가 보자. 이번에야말로 인도의 '향료 제도'[※2]에 도착할 수 있을 것이다!

※2 말루쿠 제도의 또 다른 이름

그러나

태평양은
마젤란이
생각했던
것보다
훨씬 넓었다.

가도 가도
끝이 없군.

항구는
커녕
섬도
보이질
않으니.

덩그
러니...

마젤란 일행은
3개월 이상을
굶주림과 괴혈병에
괴로워하며
항해한 끝에

1521년,
간신히 괌에
도착했다.

그리고
괌을 떠나
필리핀까지
진출했다.

203

이 문제는
필리핀 왕과의
싸움으로 번졌고,
결국 마젤란은
필리핀에서
살해당한다.

마젤란은
원주민들에게
스페인 국왕에
대한 충성과
가톨릭으로의
개종을 요구했다.

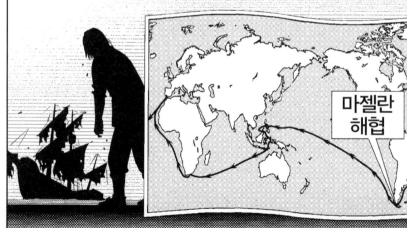

단 한 척의 배와
18명의 선원만이
스페인으로
돌아올 수 있었다.

함선 다섯 척,
선원 2백 37명으로 구성된
대규모 함대 중,

남은 부하들은 향료 제도에서
구입한 향신료를 배에 싣고
스페인으로 돌아간다.

마젤란
해협

한편,
북아메리카에서는

휘
오
오
오

많은 희생이
따랐지만,
마젤란의 항해는
인류 역사상
최초의 세계
일주였다.

이 항해는
지구 구체설을
확립하는 데
크게
기여했으며,

유럽인에게
지구의
넓이와
세계 지리를
구체적으로
인식
시켜주는
계기가
되었다.

에르난 코르테스
스페인 출신의 탐험가

원주민들은
말이나 조총에 대한
지식이 없었다.
그래서
코르테스 일행은
수적인 열세에도
불구하고
그들과의 싸움에서
이길 수 있었다.

적군이
많다고
겁먹지
마라!

저들은
말도, 총도,
철기도
모르는
자들이다!

1519년,
'코르
테스'는
멕시코
탐험에
나섰다.

이 도시에는
20만여 명의
인구가
살고 있었는데,
당시 기준으로
세계 최대급의
도시였다.

코르테스가
이끌던 스페인군은
아즈텍 제국의
'테오치티틀란'에
도착한다.

테노치티틀란

보물을
넘기겠소.
나는
무력 충돌을
원하지 않소.

1519년,
테노치티틀란

몬테수마 2세
아즈텍 제국의 황제

206

하지만, 어마어마한 양의 보물을 본 코르테스는 아지텍 제국에서 약탈 행각을 벌인다.

씨익

꽈악

아즈텍군은 코르테스군을 일시적으로 후퇴시킬 정도의 맹렬한 기세로 싸웠지만,

욕심에 눈이 멀어 악행을 벌이는구나! 용서할 수 없다!

'에르난 코르테스를 누에바 에스파냐 (멕시코)의 총독으로 임명한다.'
카를로스 1세

1521년

결국 코르테스는 아즈텍 제국을 정복한다.

아즈텍 제국 시절의 건물은 대다수 파괴되어 남아있는 것이 거의 없다고 전해진다.

이곳부터 시작해 식민지를 넓혀가겠다!

또한,

남아메리카 대륙에서도

1531년, 피사로가 1백 80명의 군사를 이끌고 파나마 남쪽으로 내려왔다.

돌로 도로를 만드는 솜씨가 훌륭하군.

마치 로마를 연상케 할 정도야.

이 정도로 발달했을 줄이야…

프란시스코 피사로
스페인 출신의 탐험가

208

잉카 제국이 만든 도로의 세로 길이는 약 3만 km로 추정되는데,

피사로는 이 도로를 따라 남하했다.

소문만 무성했던 황금의 나라!

이 길이 우리에게 일확천금을 안겨줄 것이다!

북쪽에 '하얀 사람들'이 나타났습니다!

하얀 사람들?

아타우알파
잉카 제국 황제

'이교도를
진정한
신의 길로
인도하라'고
명하셨도다.

전능하신
예수
그리스도의
대리자이신
교황
성하께옵서는
스페인의
왕에게

받아라!
여기에
그리스도의
말씀이
담겨 있도다.

더 늦기 전에
이교를 버리고,
예수
그리스도께서
인도하시는
올바른 길로
나아가거라!

나 프란시스코
피사로는 스페인의 왕,
더 나아가
그리스도의 사자로서
이 자리에 섰다.

잉카의
황제인 내가
곧 태양의
화신이거늘!

이곳은
태양의
나라다!

휙

212

성 야곱!

피사로는
가톨릭 성인의
이름인
성 야곱을

공격 개시를
명령하는
암호로
정해두었다.

신성한
성서를
내던졌다.

피사로는 애초에
잉카 제국을
말로 설득할 생각이
없었던 것이다.

사로와 코르테스처럼
내대륙' 정복 활동을 벌인
페인 사람을 가리켜,
콩키스타도르'라 부르며,
는 정복자라는 의미다.

1533년,
잉카 제국의 수도인
'쿠스코'를 점령한다.

그 후, 잉카 제국 황제를
폐위한 피사로 일행은

스페인 식민지

스페인은 멕시코와
페루를 기반으로

아메리카 대륙에
광대한 식민지를
구축한다.

그곳을 식민지로 삼았다.

미겔 로페즈 데 레가스피
필리핀 원정 함대 사령관

나아가 1565년,

스페인 국왕, 펠리페 2세는 '레가스피'를 필리핀에 보내

일본

스페인은 마닐라와 멕시코를 오가는 정기선을 운영하며 아시아와 직접 교류했다.

1571년, 스페인은 아시아의 교역망에 들어가기 위해 마닐라를 스페인령 동인도의 수도로 삼았다.

스페인 왕이 포르투갈을 동시에 지배하게 된 것이다.

포르투갈   스페인

펠리페 2세
스페인 국왕

1580년, 포르투갈 왕가의 대가 끊기면서 스페인의 펠리페 2세가 포르투갈 왕위에 오른다.

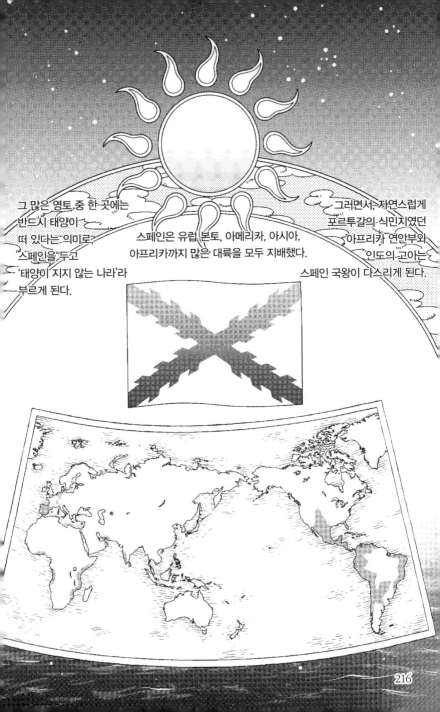

그 많은 영토 중 한 곳에는
반드시 태양이
떠 있다는 의미로
스페인을 두고
'태양이 지지 않는 나라'라
부르게 된다.

스페인은 유럽 본토, 아메리카, 아시아,
아프리카까지 많은 대륙을 모두 지배했다.

그러면서 자연스럽게
포르투갈의 식민지였던
아프리카 연안부와
인도의 고아는
스페인 국왕이 다스리게 된다.

아메리카
대륙의 금은
16세기
전반부에
전부
고갈되고
마는데,

부를 얻을 수 있는
다른 방법을 찾던 중,
1540년대에
볼리비아 포토시와
멕시코에서
은광이 개발된 것이다.

멕시코

포토시

특히,
은은

매우
중요한
자원
이었다.

아메리카
식민지의
풍부한 자원은
스페인에게
큰 부를
안겨줬다.

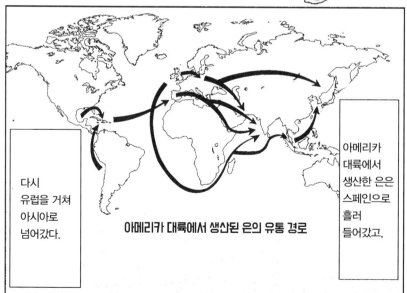

다시
유럽을 거쳐
아시아로
넘어갔다.

아메리카 대륙에서 생산된 은의 유통 경로

아메리카
대륙에서
생산한 은은
스페인으로
흘러
들어갔고,

유럽인들은 물건값을 치를 때 아메리카 대륙에서 생산한 은을 사용했는데, 이와 같은 이유로 아시아에도 은이 유입된 것이다.

반대로 아시아에서는 다양한 물건이 서유럽에 판매되었다.

서유럽은 아시아로 수출할 수 있는 자원이 없었지만,

향신료

보석

서유럽인들이 아시아에서 수입한 상품

비단

차

도자기

무명

마카오

아카풀코

마닐라

이 무역의 결과로 은이 유럽을 거치지 않고 바로 아시아로 운반되기도 했다.

포토시 은광

나아가, 멕시코의 아카풀코와 필리핀 마닐라 사이를 왕복하는 '마닐라 갤리온'이 등장하면서 '갤리온 무역'이 성행했다.

마닐라 갤리온

물가 또한 100년 사이에 3배가 오르는 가격 혁명이 일어났다.

한편, 유럽에는 대량의 은이 유입되면서 은의 화폐 가치가 하락하게 된다.

중국에서는 아메리카 대륙과 일본으로부터 유입된 은으로 대금을 치르거나, 세금을 내기도 했다.

그러게~

어떻게 먹고 살라는 거야?

물가가 올라도 너~무 올랐어.

돈

마제은
명 시대에는 은화를 만들지 않고 마제은이라는 은괴의 무게를 재서 화폐로 사용함

지중해를 대신해 대서양 연안 지역이 무역의 중심지로 번성하게 된다. 이러한 경향을 상업 혁명이라 부른다.

포르투갈 상인
스페인 상인

이탈리아 상인

스페인이 아메리카 대륙에서 은을, 포르투갈이 아시아에서 향신료를 수입한 결과,

또한,

대서양

지중해

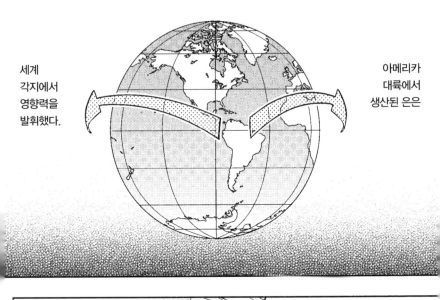

세계 각지에서 영향력을 발휘했다.

아메리카 대륙에서 생산된 은은

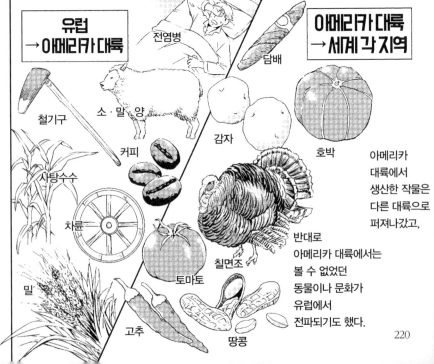

유럽
→ 아메리카 대륙

전염병

아메리카 대륙
→ 세계 각 지역

담배

철기구

소·말·양

감자

호박

커피

사탕수수

차륜

칠면조

토마토

밀

고추

땅콩

아메리카 대륙에서 생산한 작물은 다른 대륙으로 퍼져나갔고,

반대로 아메리카 대륙에서는 볼 수 없었던 동물이나 문화가 유럽에서 전파되기도 했다.

알고 보면 아메리카 대륙에 원산지를 두고 있는 것들이 많다.

오늘날, 다양한 나라의 전통 요리에 들어가는 재료 중에서도

이탈리아에서 자주 사용하는 식재료인 토마토 한식에서 빼놓을 수 없는 고추 등

이처럼 콜럼버스의 신대륙 발견은 동식물, 그리고 병원균까지 포함한 모든 생물체를 이동하게 했고, 이를 '콜럼버스의 교환'이라고 부른다.

유럽에서 아메리카 대륙으로 전파된 인플루엔자와 천연두는 중남미 사회에 엄청난 영향력을 행사했고,

그러나 이때, 동식물뿐 아니라 병원균도 함께 대륙을 건너간다.

아메리카 대륙에서 유럽으로 옮아간 매독은 아시아를 포함, 유라시아 대륙 전역으로 순식간에 퍼진다.

그러나,
이렇게
서유럽의
중심이 된
스페인의
번영은
오래가지
못했다.

17세기부터는
네덜란드,
영국, 프랑스의
세력이
커지면서
태양이
지지 않는
나라에

석양이
드리우기
시작한다.

반면,
아메리카
대륙은

3세기 이상
지속되는
식민지 시대를
맞이하게 된다.

【서적】

- 山川出版社, 『新世界史B』(개정판) / 『詳說世界史B』(개정판) / 『山川 詳說世界史図録』(제2판) / 『世界史用語集』(개정판)
- 岩波書店, 『コロンブス航海誌』 / 『大航海時代叢書 第1(航海の記録)』
- NHK出版, 『室町"日本国王"と勘合貿易 なぜ、足利将軍家は中華皇帝に「朝貢」したのか』
- 河出書房新社, 『明と清』(신장판)
- 研究社, 『新カトリック大事典』(전4권+별권)
- 講談社, 『インカとスペイン帝国の交錯』 / 『海と帝国 明清時代』 / 『永楽帝 華夷秩序の完成』 / 『大航海時代』 / 『東インド会社とアジアの海』 / 『マヤ文明の謎』
- 清水書院, 『中国の大航海者・鄭和』
- 筑摩書房, 『世界のなかの戦国日本』
- 中央公論社, 『ラテンアメリカ文明の興亡』
- 中央公論新社, 『西洋美術の歴史＝A HISTORY OF WESTERN ART 4』
- 東京大学出版会, 『東アジア海域に漕ぎだす 1』
- 農山漁村文化協会, 『歴史の海を走る 中国造船技術の航跡』
- 白水社, 『レオナルド・ダ・ヴィンチの生涯 飛翔する精神の軌跡』
- 白帝社, 『中国服装史 五千年の歴史を検証する』
- 原書房, 『ヴァスコ・ダ・ガマ 洋行の扉を開く』
- 平凡社, 『キリスト教史 5』
- 山川出版社, 『宗教の世界史 8』 / 『ラテン・アメリカ史 1・2』
- 朝日新聞社, 『スパイス戦争 大航海時代の冒険者たち』
- 岩波書店, 『陸海の交錯 明朝の興亡』
- NHK出版, 『文明を変えた植物たち コロンブスが遺した種子』
- 大月書店, 『輪切りで見える！パノラマ世界史② さまざまな世界像』 / 『輪切りで見える！パノラマ世界史③ 海をこえてつながる世界』
- KADOKAWA, 『コロンブスの不平等交換 作物・奴隷・疫病の世界史』
- 河出書房新社, 『図説イタリア・ルネサンス美術史』 / 『図説宗教改革』 / 『図説スペインの歴史』 / 『図説ポルトガルの歴史』
- 講談社, 『宗教改革の真実 カトリックとプロテスタントの社会史』 / 『倭寇 海の歴史』
- 光文社, 『ルネサンス三巨匠の物語 万能・巨人・天才の軌跡』
- 小学館, 『図説インカ帝国』
- 創元社, 『カール5世とハプスブルク帝国』 / 『東アジアと中世ヨーロッパ』
- 中央公論新社, 『鄭和の南海大遠征 永楽帝の世界秩序再編』
- 中央公論新社, 『宣教のヨーロッパ 大航海時代のイエズス会と托鉢修道会』
- 日本経済新聞出版社, 『「世界地図」の誕生 地図は語る』
- 白水社, 『香辛料の世界史』
- 原書房, 『カレーの歴史』

【WEB】

NHK高校講座 世界史, 岡山県古代吉備文化財センター, 農林水産省, ハウス食品, NHK for School

이 책을 만든 사람들

- **감수 :** 하네다 마사시(HANEDA MASASHI)
  도쿄대학 명예 교수

- **플롯 집필·감수 :**

  제1장 오자와 이치로(OZAWA ICHIRO)
  도요문고 연구원
  스기야마 기요히코(SUGIYAMA KIYOHIKO)
  도쿄대학 준교수

  제2장 가지와라 요이치(KAJIWARA YOHICHI)
  교토산업대학 조교수
  야마모토 다에코(YAMAMOTO TAEKO)
  국제기독교대학 조교수

  제3장 스즈키 히데아키(SUZUKI HIDEAKI)
  국립 민속학 박물관 준교수

  제4장 마쓰오 슌스케(MATSUO SYUNSUKE)
  도쿄대학 조교수

- **자켓·표지 :** 곤도 가쓰야(KONDOU KATSUYA)
  스튜디오 지브리

- **만화 작화 :** 사카키바라 렘(SAKAKIBARA REM)
  유즈카 마사나리(TUDUKA MASANARI)

- **내비게이션 캐릭터 :** 우에지 유호(UEJI YUHO)

차별적 표현에 대하여

『세계의 역사』시리즈에는 현대를 살아가는 우리가 입에 담아서는 안 될 차별적인 표현을 사용한 부분이 있습니다. 역사적 배경이나 시대적 관점을 보다 정확하게 전달하기 위해, 불편함을 무릅쓰고 꼭 필요한 최소한의 용어만 사용했습니다. 본 편집부에게 차별을 조장하려는 의도가 없다는 점을 알아주시길 부탁드립니다.

– 원출판사의 말

⚠ 주 의

· 책의 날카로운 부분에 다치지 않도록 주의하세요.
· 입에 넣거나 깨물지 않도록 주의하세요.
· 화기나 습기가 있는 곳에는 가까이 두지 마세요.

드루주니어 편집부는 '어린이안전특별법'을 준수하여 어린이가
안전한 환경에서 학습할 수 있도록 노력하고 있습니다.
KC마크는 이 제품이 공통안전기준에 적합하였음을 의미합니다.

하루 한 권 학습만화 **7**

세계의역사

하나로 연결되는 세계

(1400년~1600년)

초판인쇄 2022년 12월 30일
초판발행 2022년 12월 30일

감수 하네다 마사시
옮긴이 일본콘텐츠전문번역팀
발행인 채종준

출판총괄 박능원
국제업무 채보라
책임번역 문서영
책임편집 조지원
디자인 홍은표
마케팅 문선영 · 전예리
전자책 정담자리

브랜드 드루주니어
주소 경기도 파주시 회동길 230 (문발동)
문의 ksibook13@kstudy.com

발행처 한국학술정보(주)
출판신고 2003년 9월 25일 제406-2003-000012호
인쇄 북토리

ISBN 979-11-6801-780-1 04900
       979-11-6801-777-1 04900 (set)